O FMI SOB ATAQUE

FUNDAÇÃO EDITORA DA UNESP

Presidente do Conselho Curador
Marcos Macari

Diretor-Presidente
José Castilho Marques Neto

Editor Executivo
Jézio Hernani Bomfim Gutierre

Assessor Editorial
João Luís C. T. Ceccantini

Conselho Editorial Acadêmico
Alberto Ikeda
Alfredo Pereira Junior
Antonio Carlos Carrera de Souza
Elizabeth Berwerth Stucchi
Kester Carrara
Lourdes A. M. dos Santos Pinto
Maria Heloísa Martins Dias
Paulo José Brando Santilli
Ruben Aldrovandi
Tania Regina de Luca

Editora Assistente
Denise Katchuian Dognini

DANILO ROTHBERG

O FMI SOB ATAQUE

Recessão global e desigualdade entre as nações

Editora UNESP

© 2005 Editora UNESP

Direitos de publicação reservados à:

Fundação Editora da UNESP (FEU)
Praça da Sé, 108
01001-900 – São Paulo – SP
Tel.: (0xx11) 3242-7171
Fax: (0xx11) 3242-7172
www.editoraunesp.com.br
feu@editora.unesp.br

CIP – Brasil. Catalogação na fonte
Sindicato Nacional dos Editores de Livros, RJ

R754f

Rothberg, Danilo
  O FMI sob ataque: recessão global e desigualdade entre as nações / Danilo Rothberg. – São Paulo: Ed. UNESP, 2005.
  Inclui bibliografia
  ISBN 85-7139-614-0
  1. Fundo Monetário Internacional. 2. Recessão (Economia). 3. Desigualdade. 4. Relações econômicas internacionais. I. Título.

05-2396   CDD 332.152
                                                           CDU 339.732.4

Este livro é publicado pelo projeto *Edição de Textos de Docentes e Pós-Graduados da UNESP* – Pró-Reitoria de Pós-Graduação e Pesquisa da UNESP (PROPP) / Fundação Editora da UNESP (FEU)

Editora afiliada:

Asociación de Editoriales Universitarias
de América Latina y el Caribe

Associação Brasileira de
Editoras Universitárias

Sumário

Prefácio   7

Introdução   9

Parte I
Origens e transformação do papel do FMI

1 O que é, para que serve e como funciona o FMI   17

2 Da função inicial ao novo papel   23

3 A globalização e a hegemonia norte-americana   33

4 O FMI de janeiro de 1997 a junho de 1999   75

Parte II
O FMI sob ataque

5 Os conflitos e sua expressão midiática   101

6 A *performance* do FMI na crise asiática   113

7 O ataque agravado pela moratória russa   173

8 Os segredos da política cambial brasileira   191

9 O FMI como agente da retração global   217

Referências bibliográficas   235

Prefácio

O papel do FMI na dinâmica atual da sociedade global, criando expectativas e reforçando o comportamento de atores sociais e agentes econômicos. Esse é o tema do livro de Danilo Rothberg, obra que merece muito ser lida e debatida, por se tratar de um excelente estudo. A análise é conduzida por meio da sistematização criteriosa da literatura econômica, sociológica e política, e também por intermédio da discussão inteligente dos pontos de vista adotados por importantes analistas presentes nos meios de comunicação impressa, de influência global: os jornais *Folha de S.Paulo*, o inglês *Financial Times* e o norte-americano *The Wall Street Journal*. Com isso, torna-se claramente visível e – pela lógica que guarda – questionável a responsabilidade do FMI na manutenção da desigualdade entre as nações.

Se outra razão fosse necessária para recomendar a leitura de *O FMI sob ataque*, bastaria lembrar a excelente caracterização que Danilo Rothberg faz do Fundo Monetário Internacional, atento aos fatos de sua história, desde seu surgimento, passando pela transformação de funções após 1973, até sua atuação no final da década de 1990, com destaque durante a crise asiática, a moratória russa e a crise cambial brasileira. O pano de fundo desse levantamento é a globalização financeira e as condições de consolidação da hegemonia norte-americana.

A estrutura metodológica adotada por Rothberg introduz as posições atribuídas ao Fundo Monetário Internacional pela mídia global, da perspectiva dos estudos de comunicação, em que os conceitos de poder simbólico (Bourdieu) e esfera pública (Habermas) ganham relevância na análise do jornalismo de opinião. A construção desse quadro conceitual mostra-se, dessa forma, inovadora, diferenciada e com grande poder de explicação, abrangendo as diversas perspectivas, agentes e instituições implicadas. Além disso, o autor atentou para as particularidades do jornalismo como instituição historicamente constituída e para o arranjo particular entre técnicas de comunicação e padrões redacionais.

A expressão jornalística considerada como poder simbólico permite-nos entender a contradição manifesta no texto jornalístico de opinião, que percebe ao mesmo tempo o FMI como instituição submetida a interesses particulares e como instituição supranacional, isenta e objetiva, como "cão de guarda" da economia mundial. Os contornos das diversas posições e disputas por poder simbólico na esfera pública constituída pelo jornalismo de opinião manifestam-se, aí, de forma acentuada.

Danilo Rothberg desenvolveu sua pesquisa ao longo de 30 meses (entre janeiro de 1997 e junho de 1999). Os jornais foram escolhidos pelo volume de circulação. Ao todo, no período, foram coletados 931 textos de jornalismo opinativo: editoriais, artigos e comentários que, de alguma forma, trataram da atuação do FMI. Desse total, o autor selecionou, para descrição e comentário, 180 textos considerados relevantes. Surgiu, daí, um painel rico e detalhado de como jornais de países de diferentes estaturas na geopolítica mundial analisam a atuação do FMI.

Este livro, portanto, surge como importante contribuição teórica à análise do jornalismo opinativo e à compreensão da atuação do FMI no contexto da economia globalizada.

Araraquara, junho de 2005.

Maria Teresa Miceli Kerbauy

INTRODUÇÃO

Desde que foi criado, em 1944, com o declarado objetivo de estimular o crescimento equilibrado do comércio internacional e, assim, contribuir para manter altas taxas de emprego e elevados níveis de renda, o Fundo Monetário Internacional (FMI) enfrentou conjunturas globais distintas, com uma repercussão diferente em cada situação.

Hoje, seus críticos em todo o globo acusam-no de formular políticas que fazem exatamente o contrário: trazem desemprego e o empobrecimento de populações. Seus defensores resistem, argumentando que o Fundo é um aliado importante contra os efeitos nocivos da configuração atual do capitalismo mundial, conhecida como globalização financeira.

Entre aqueles que admitem o valor da instituição e os que a rejeitam, desenvolve-se um debate de proporções e complexidade admiráveis. No mundo acadêmico, nas páginas dos jornais ou no *marketing* político, são freqüentes os questionamentos acerca do papel desempenhado hoje pelo Fundo na dinâmica da sociedade global.

E a reprovação à atuação do FMI não está restrita a correntes marginais de oposição que recusam, com desdém, a participação nas instituições políticas estabelecidas. O ataque é, na verdade, construído de forma objetiva por meios de comunicação de influência global, o que sinaliza a existência de uma contraditória realidade de sustentação do Fundo na atualidade.

De fato, correntes de opinião mundialmente influentes repetem, a sua maneira, o que certas críticas difusas já haviam apontado: apesar de apresentar-se como instituição multilateral, o FMI atua furtivamente na defesa dos interesses dos países ricos, seus maiores cotistas, entre as nações emergentes. E, no entanto, mesmo esse rude partidarismo, especialmente vantajoso para muitos, não lhe tem sido de grande valia. O Fundo encontra-se sob duras investidas, enfrentando ataques que ameaçam deslegitimá-lo.

Desde 1997, quando o FMI comandou um pacote multicoordenado de "socorro" ao que ficou conhecido como crise asiática, cresceu dramaticamente a reação contra as condições impostas como contrapartida aos empréstimos concedidos pela instituição. Episódios posteriores ampliaram ainda mais a controvérsia em torno de sua *performance*, como a moratória unilateral russa, supervisionada com surpresa por seus inspetores, e a correção cambial efetuada pelo Brasil em janeiro de 1999, aceita pela burocracia do órgão somente como desfecho de um ardil arrastado por mais de 120 dias, com o objetivo de favorecer um dos candidatos à presidência da República nas eleições de outubro de 1998.

Para proporcionar a compreensão do sentido das ações com as quais o FMI enfrentou essas crises, aqui será oferecida uma avaliação abrangente, apoiada em economia, sociologia, política e em analistas que, tendo sua voz amplificada pelos meios de comunicação em que escrevem, permanecem atentos à atuação do Fundo. O objetivo é desvelar as perspectivas sustentadas por interesses que, embora dispersos na sociedade global, orientam os rumos do desenvolvimento dessa sociedade de forma inexorável, criando expectativas e reforçando o comportamento de atores sociais e agentes econômicos.

O FMI encontra-se, afinal, sujeito a diversas pressões por sua transformação. Muitos que querem modificá-lo estão apenas sinceramente preocupados com o risco de o desenvolvimento capitalista estar comprometido pelo crescimento anômalo do sistema financeiro global. Esses desejam que o Fundo seja reformado e investido da competência para conter a instabilidade intrínseca ao fenômeno da globalização financeira e para dar condições ao reaquecimento da economia mundial.

Outros preferem simplesmente fechar o FMI. Como instrumento de política econômica caracterizado pela presença maciça dos Estados sobre o comando da economia, o órgão tem sua própria existência posta em xeque há pelo menos 30 anos. Sua burocracia tem sido taxada de incompetente, sua atuação é vista como ineficiente e, seu papel, considerado obsoleto. Esse cenário revela, de um lado, o esgotamento da ação intervencionista estatal sobre a atividade econômica e, de outro, que as desordens próprias da globalização financeira de fato contribuíram para que as ações do Fundo se encontrassem subitamente desmerecidas.

A lista de males atribuídos ao FMI é longa. Como se verá, eles podem ser conhecidos e explicados com clareza e coerência, restando a tarefa de exigir sua resolução. A crítica deve vir de todo cidadão global. No entanto, não é qualquer conceito de globalidade que está em jogo aqui, mas aquele dentro do qual situam-se os indivíduos imersos na dimensão financeira do fenômeno da globalização. Ou seja, todos aqueles que desejam conhecer a face do inimigo para melhor enfrentar alguém que controla, em uma escala sem precedentes, a concessão das possibilidades de sobrevivência em todo o planeta.

Em função do propósito assumido aqui, a organização deste livro desdobra-se em duas etapas. A Parte I é integrada por quatro capítulos e retoma, em primeiro lugar, as origens do Fundo e dos fatores que levaram à transformação de suas funções após 1973 (Capítulo 1). O contexto do surgimento da instituição e da nova atribuição depois assumida também é delineado nessa parte (Capítulo 2), que abrange aspectos da globalização financeira e de suas conseqüências, além de características da hegemonia norte-americana consolidada após a Segunda Guerra Mundial (Capítulo 3). O Capítulo 4 resume as principais turbulências enfrentadas pelo FMI no final da década de 1990.

A Parte II aprofunda a caracterização das perspectivas envolvidas na luta pela hegemonia do poder simbólico e as disposições e os embates que ocorrem entre elas, influenciando a atuação do Fundo e dos governos que têm interesses intermediados na instituição.

As fontes consultadas na segunda parte são provenientes de meios de comunicação de alcance global. Nas entrelinhas de seus editoriais, artigos e comentários, muito se descobre sobre o assunto em questão. *Financial Times* (FT), *The Wall Street Journal* (WSJ) e *Folha de S.Paulo* são os jornais dos quais os textos foram retirados. Essa escolha permitiu confrontar como países de diferentes estaturas na geopolítica mundial representam seus próprios interesses e consideram as pretensões de outras nações.

A *Folha de S.Paulo* é o jornal mais vendido no Brasil, com circulação de 339.663 exemplares em dias úteis e 437.467 aos domingos (dados de janeiro de 2002). O jornal estima seu público leitor em 1,5 milhão, do qual 75% estão entre as classes A e B.

O veículo foi fundado em 1921 com o nome de *Folha da Noite*, um vespertino destinado às classes médias urbanas e à classe operária. A liderança no mercado brasileiro veio a partir da década de 1980.

O *Financial Times* foi fundado em 1888, em Londres. Atualmente, o jornal pode ser encontrado em 160 países em todo o mundo, tem tiragem de mais de 300 mil exemplares e um público leitor estimado em 1,3 milhão (dados de janeiro de 2002). Em 1893, passou a ser impresso em papel na tonalidade cor-de-rosa, a fim de diferenciar-se de seu rival na época, o *Financial News*. Essa marca o distingue ainda hoje. Os dois veículos fundiram-se em 1945, iniciando a multiplicação de escritórios regionais em todo o planeta. Há duas edições distintas: a britânica e a norte-americana. Ambas contam com seções que rotineiramente informam e comentam fatos dos cinco continentes.

Já o primeiro exemplar do *The Wall Street Journal* foi publicado em 8 de julho de 1889. A circulação de segunda a sábado é de 1,8 milhão de exemplares (dados de setembro de 2001). A empresa edita, aos domingos, um caderno especial que circula encartado em 54 diários norte-americanos, num total de 9,4 milhões de exemplares. Sua edição eletrônica foi lançada em 29 abril de 1996 e hoje conta com mais de 600 mil assinantes. O jornal tem 48 redações em todo o mundo e publica edições locais na Europa e na Ásia.

O veículo pertence à Dow Jones & Company, fundada em 1882 pelos jornalistas Charles Dow, Edward Jones e Charles Bergstresser. Em seu escritório, perto da Bolsa de Nova York, eles vendiam pequenos boletins manuscritos para assinantes dentro daquela região da cidade. Lançaram seu primeiro índice do desempenho do mercado acionário, composto por ações de empresas do setor de transporte, em 1884. Em 1896, a empresa lançou o que hoje é conhecido como o Dow Jones Industrial Average, um dos indicadores financeiros mais seguidos em todo o mundo. O jornal publica edições especiais encartadas em 38 jornais de todo o mundo, incluindo 21 veículos na América Latina.

Folha, FT e WSJ são analisados aqui porque exercem influência especial sobre a formação da esfera pública, conforme indica a grandeza de sua tiragem e de seu alcance. A leitura das entrelinhas de seus textos opinativos revela os traços da reprovação internacional à atuação do Fundo Monetário Internacional, desnudando o precário arranjo que hoje dá sustentação à instituição.

PARTE I

ORIGENS E TRANSFORMAÇÃO DO PAPEL DO FMI

1
O QUE É, PARA QUE SERVE E COMO FUNCIONA O FMI

O Fundo Monetário Internacional foi criado na conferência realizada em Bretton Woods, New Hampshire, Estados Unidos, em 22 de julho de 1944. O objetivo da reunião, da qual participaram 44 países, foi traçar regras para propiciar a recuperação das economias européias devastadas pela guerra e o crescimento global ordenado, estabelecendo uma ordem monetária internacional que prevenisse a ocorrência de novos conflitos. A existência oficial do Fundo se dá a partir de 27 de dezembro de 1945, quando os 29 países-fundadores assinaram o acordo de sua criação. As operações financeiras foram iniciadas em 1º de março de 1947.

A administração do FMI é exercida por um conselho de governos representados por presidentes, ministros da fazenda ou diretores de bancos centrais; um comitê consultivo, de caráter técnico e burocrático; e um quadro executivo, formado por 24 diretores que supervisionam a implementação das políticas definidas no conselho de governos. O quadro executivo também escolhe o diretor-geral entre seus membros.

Cada país-membro do Fundo contribui com determinada cota. O valor da participação de um país é proporcional ao seu poder de votação nas decisões. A contribuição é medida nos termos dos SDRs (*Special Drawing Rights*), a "moeda" do FMI, criada para permitir que o órgão pudesse manter reservas desvinculadas do ouro e do dólar, ambos fontes limitadas de riqueza. O valor médio do SDR é vinculado a uma "cesta" das cinco moedas mais importantes no comércio mundial: dólar, franco, libra, marco e yen. Se nenhum membro solicitar uma mudança da sua cota, as participações serão revistas somente a cada cinco anos, no máximo (IMF, 2001a, 2001b).

A cota de cada membro, que define a contribuição exigida do país e a quantia máxima de financiamento que é possível obter do Fundo, é determinada principalmente por sua posição econômica em relação aos outros membros, considerando-se produto interno bruto, transações em conta corrente e reservas oficiais.

Em setembro de 1997, o FMI decidiu aumentar em 45% o total de cotas em reservas, passando de 146 bilhões de SDRs (cerca de US$ 200 bilhões na época) para 212 bilhões de SDRs (US$ 290 bilhões), "refletindo as mudanças no aumento da economia mundial, a escala dos potenciais desequilíbrios de pagamentos e a rápida globalização e liberalização do comércio e fluxos de capital", além da "atual e futura necessidade de liquidez e a adequação dos acordos de empréstimos" (IMF, 2001e). Houve resistência entre alguns países-membros, mas finalmente o novo total de cotas foi aprovado em janeiro de 1998, ficando disponível um ano depois.

Em 2001, a equipe do Fundo já era composta por 2,5 mil pessoas, provenientes de 133 países. Em janeiro desse mesmo ano, os empréstimos do FMI somavam 50,5 bilhões de SDRs, equivalentes a US$ 65,3 bilhões, para 91 países. Em junho de 2002, um SDR era cotado a US$ 1,29167 ou R$ 3,28150.

O Brasil é o sétimo país, entre os atuais 182 membros do FMI, que mais utilizou recursos da instituição entre 1947 e julho de 1998 (IMF, 2001a). O país emprestou no período mais de 500 bilhões de SDRs (US$ 645 bilhões ou R$ 1,6 trilhão).

O primeiro da lista é o México (mais de 1,8 trilhão de SDRs), seguido por Rússia (1,5 trilhão de SDRs), Coréia (1,5 trilhão de SDRs), Argentina (1 trilhão de SDRs), Índia (900 bilhões de SDRs) e Reino Unido (900 bilhões de SDRs). Depois do Brasil vêm Indonésia (400 bilhões de SDRs), Filipinas (350 bilhões de SDRs) e Paquistão (300 bilhões de SDRs).

Os propósitos declarados da instituição são suscitar a cooperação monetária internacional, mantendo uma estrutura para oferecer consultoria e supervisão em caso de crises; facilitar a expansão e o crescimento equilibrado do comércio internacional; promover estabilidade cambial para evitar desvalorizações competitivas; monitorar os sistemas internacionais de pagamentos e eliminar as restrições que impedem o crescimento do comércio mundial; e dar segurança aos países-membros, ao manter disponíveis reservas monetárias capazes de corrigir problemas no balanço de pagamentos sem recorrer a medidas que possam comprometer o desenvolvimento mundial (IMF, 2001b).

Os empréstimos concedidos pelo FMI são definidos de acordo com diversas linhas de crédito, oferecidas a países-membros com eventuais dificuldades no balanço de pagamentos. O Fundo não empresta para projetos específicos ou de desenvolvimento, como o Banco Mundial, instituição também criada em Bretton Woods. A assistência financeira proporcionada pelo Fundo, conforme documento oficial (IMF, 2001d), permite aos membros recompor suas reservas e fazer grandes pagamentos por importações e outros propósitos externos que não seriam possíveis sem ela.

O que o FMI empresta são ativos de suas reservas obtidos pela colaboração dos países-membros, que transferem ativos de seus próprios Tesouros para o Fundo, de acordo com suas cotas de participação.

Os tomadores usam sua própria moeda para "comprar" os ativos das reservas da instituição. A soma é paga quando o emprestador "recompra" sua dívida, contraída em sua própria moeda. Esse mecanismo de "compra-e-recompra" explica, segundo o FMI, porque o total de reservas não varia em função da "assistência financeira" concedida.

Os empréstimos dividem-se em vários formatos e dependem de acordos específicos, firmados por períodos de tempo durante os quais o tomador fica sob supervisão permanente.

Um dos mais utilizados é o *Stand-By Arrangements* (SBAs), concedido somente em casos de problemas temporários no balanço de pagamentos, exigindo que os tomadores preencham certos níveis de atividade econômica. Geralmente dura de 12 a 18 meses, mas pode chegar a três anos, desde que o emprestador atenda a determinados critérios. O pagamento deve ser feito em até cinco anos.

Uma linha muito usada pelos países emergentes é a *Extended Fund Facility* (EFF), que se compõe de recursos emprestados com a condição de que os tomadores aceitem a contrapartida de atender a critérios de políticas econômicas e financeiras previamente determinados. Foi criada em 1974 e fornece assistência a médio prazo, especialmente para países-membros com economias que atravessem problemas no balanço de pagamentos, causados por desajustes estruturais na produção e no comércio, e nas quais existam, segundo o Fundo, "distorções generalizadas entre custos e preços" (IMF, 2001d). A liberação do empréstimo fica condicionada ao cumprimento de certas exigências, o que pode incluir a realização de reformas estruturais. O pagamento deve ser feito em até dez anos.

Linhas de crédito especiais são a *Supplemental Reserve Facility* (SRF), introduzida em 1997 para suplementar recursos obtidos por meio das SBAs e da EFF; a *Contingent Credit Lines* (CCL), estabelecida em 1999 a fim de fornecer, a países com políticas econômicas sólidas, maneiras de se defender de problemas na balança de pagamentos, causados pelo contágio por crises internacionais; a *Compensatory Financing Facility* (CFF), criada para ajudar membros que sofram declínios temporários na exportação de cereais ou aumento dos custos de importação dessa mercadoria; a *Emergency Assistance*, para casos de países em recuperação abalados por desastres naturais ou conflitos; e, finalmente, a *Poverty Reduction and Growth Facility* (PRGF), para países pobres qualificados como altamente endividados (*Heavily Indebted Poor Countries*, HIPCs), a fim de minimizar o fardo da dívida externa dessas nações. Os empréstimos dessa linha são concedidos a taxas anuais de 0,5%, para pagamento em até dez anos.

De todos os tomadores, é cobrada uma taxa proporcional à taxa de juros dos SDRs. No fim de março de 2001, a taxa de juros dos SDRs estava fixada em 3,91%, enquanto a taxa do empréstimo ficava em 4,53%, exceto, conforme visto antes, para a linha de crédito PRGF.

As dificuldades da balança de pagamentos ocorrem "quando a entrada de divisas estrangeiras num país (por meio dos ganhos com exportações e entrada de capitais) não é mais suficiente para cobrir os gastos (com importações e saída de capitais)" (Sanchez, 1999, p.51). O FMI acredita, segundo a autora, que tais problemas originam-se de uma demanda excessiva. E, a curto prazo, em vez de aumentar a oferta para equilibrá-la com a demanda, o FMI impõe, em contrapartida aos empréstimos, políticas recessivas para conter a demanda.

As medidas incluem "corte do poder de compra do consumidor por meio da elevação da taxa de juros", limitando o crédito doméstico, desestimulando a fuga de capitais e atraindo investimento estrangeiro (ibidem, p.52); "redução do déficit fiscal através do corte de gastos do governo", o que envolve a redução de subsídios estatais e gastos sociais; e a "desvalorização da moeda para encorajar as exportações e desencorajar as importações".

Os críticos do FMI, argumenta Sanchez, defendem outras maneiras de resolver o problema do déficit de pagamentos, que se baseiam em promover uma ativa intervenção estatal que proteja a indústria local "para criar um setor exportador dinâmico e gerar superávit comercial". A questão das conseqüências das políticas exigidas pelo Fundo em contrapartida aos empréstimos concedidos será retomada à frente.

O percurso aqui desenvolvido para expor e discutir a atuação do FMI no contexto da economia globalizada se constrói de maneira gradual, através de aproximações sucessivas aos problemas mais relevantes, em profundidade crescente. Assim, a revisão histórica ocorre, a partir daqui, em três eixos.

Embora cada uma dessas três linhas expositivas possua uma linearidade temporal interna, a mesma ordem não existe entre elas, de modo que um mesmo acontecimento histórico pode ser abordado mais de uma vez, em função da necessidade eventual de reconsiderá-lo em um novo contexto.

Já a abrangência de cada um dos eixos foi determinada com o objetivo de facilitar as relações que a leitura da Parte II exige, uma vez que ela remete a contextos específicos, dentro dos quais devem ser compreendidas as posições atribuídas ao FMI na mídia global. Esses contextos serão sucessivamente reconstruídos a seguir.

O primeiro eixo (Capítulo 2) discute de forma pontual os fatores que acompanharam a transformação do papel do Fundo desde seu surgimento. O segundo eixo (Capítulo 3) descreve características da globalização financeira e as condições nas quais se consolidou a hegemonia norte-americana e os possíveis sinais de sua crise. Já o terceiro e último eixo (Capítulo 4) traça uma descrição da atuação do FMI de janeiro de 1997 a junho de 1999, período que abrange a crise asiática, a moratória russa e a crise cambial brasileira, a partir de documentos do próprio Fundo e de governos envolvidos nos fatos ocorridos.

2
DA FUNÇÃO INICIAL AO NOVO PAPEL

O Fundo Monetário Internacional foi criado para oferecer os instrumentos necessários a fim de permitir ou facilitar a cooperação multilateral entre os países-membros, que concordaram em manter os seguintes ajustes fundamentais: 1. declarar paridades oficiais em relação ao dólar, por sua vez agora novamente atrelado ao padrão-ouro, variando as taxas de câmbio somente em 1% do valor do dólar; 2. contribuir para gerar um fundo do qual os países-membros pudessem retirar recursos a fim de defender suas taxas cambiais.

Atrelando o valor do dinheiro aos custos de produção por meio da reutilização do padrão-ouro, os países-membros acreditavam estar criando um mecanismo de prevenção de crises e gerador da estabilidade de crescimento (Sanchez, 1999, p.49; Arrighi, 1996, p.287). Além disso, um código de ação comum obrigatório foi estabelecido para guiar os ajustes cambiais internacionais.

Arrighi (1996) destaca que o acordo de Bretton Woods significou muito mais. Em primeiro lugar, representou o rompimento da sujeição à esfera financeira, recolocando circuitos e redes de altas finanças subordinados aos Estados, assim retirando o controle das finanças antes exercido por banqueiros e financistas privados, que o desempenhavam somente com o objetivo de obter lucro. Agora a situação era diferente: no sistema monetário mundial criado em

Bretton Woods, "a 'produção' do dinheiro mundial foi assumida por uma rede de organizações governamentais, primordialmente movidas por considerações de bem-estar, segurança e poder ..." (p.287). A gestão do dinheiro tornava-se subordinada à gestão do Estado.

O autor (p.288) lembra que banqueiros e financistas destacaram-se por sua ausência em Bretton Woods, e Washington, capital do poder, e não Nova York, bolsa de valores de importância mundial, confirmou-se como a "sede primária da 'produção' do dinheiro do mundo".

Caracterizada por estabilidade econômica, a primeira fase de atuação do FMI durou somente até 1958. Durante esse período, a escassez de dólares disseminada após a Segunda Guerra Mundial foi remediada pelos Estados Unidos, então única fonte de liquidez global, por causa da sua posição privilegiada no conflito. Evitando uma briga pelo ouro, o país promovia fluxos de dólares simplesmente imprimindo dinheiro (Sanchez, 1999, p.36) e agindo como importador global, mantendo seguidos déficits em seu balanço de pagamentos.

Quando os déficits se tornaram cada vez maiores, começou a ruir a confiança global na capacidade de o governo norte-americano converter dólar em ouro. A instabilidade veio na forma do dilema de Triffin:

> O economista Robert Triffin afirmou que havia uma contradição na estrutura do sistema de Bretton Woods, ou seja, a principal maneira que os Estados Unidos encontraram para bombear dólares no sistema monetário internacional foi os persistentes déficits em seu balanço de pagamentos. Em outras palavras, o país gastou mais do que ganhou e isso provocou uma crise de confiança na capacidade de os Estados Unidos converter dólar em ouro.

Nessa situação limite, falhou o mecanismo de ajuste acordado entre os países-membros, uma vez que o desequilíbrio não tinha sido devidamente previsto. Além disso, houve um revés importante dentro do quadro do qual emergiu o FMI. O acordo que criou a instituição estipulou que os governos deveriam controlar o movimento de capitais para manter o equilíbrio do balanço de pagamentos, mas foi algo inverso que aconteceu: "esses movimentos foram estimulados pelo poder de integração do regime de paridade cambial".

Assim, uma contradição interna aos fundamentos que primeiro regeram o sistema de Bretton Woods foi um dos fatores que desencadearam o fortalecimento do mercado de capitais e o enfraquecimento dos Estados nacionais na definição do valor de sua moeda:

> O mercado de euromoeda tornou-se, durante os anos 60, o principal veículo para a especulação privada contra as paridades cambiais oficiais. Era cada vez mais difícil para os governos defender as paridades diante da alta mobilidade de capital internacional que havia sido gerada.

A segunda fase, de 1959 a 1971, foi marcada pela existência de um ambiente instável, dentro do qual se temiam iniciativas especulativas contra o dólar. Europa, Japão e Estados Unidos viveram uma queda de braço, uns imputando a outros a responsabilidade por medidas saneadoras, segundo Sanchez (1999, p.36):

> O governo dos Estados Unidos acreditava que os europeus e os japoneses – cujos países apresentavam superávits – deviam valorizar sua moeda para eliminar o desequilíbrio internacional de pagamentos, mas eles argumentavam que os Estados Unidos deveriam dar o primeiro passo.

A autora (p.37) apresenta outras razões para o insucesso do sistema coordenado pelo FMI. Os diferentes níveis de inflação complicaram o estabelecimento de taxas cambiais fixas, que também não eram convenientes para as multinacionais em expansão, aptas a lucrar com investimentos diretos mais rentáveis segundo as diferenças entre taxas cambiais variáveis. Além disso, o governo norteamericano imprimira dinheiro demais, também por conta dos gastos com a Guerra do Vietnã. O golpe derradeiro na instituição veio de um fator interno aos Estados Unidos: "para ser reeleito, o presidente Richard Nixon queria estimular a economia americana, mas as taxas de juros representavam um obstáculo".

Como conseqüência, em 15 de agosto de 1971, "Nixon suspendeu a conversão de dólar em ouro, libertando a moeda americana para encontrar seu próprio nível no mercado", e "o sistema de Bretton Woods chegou ao fim".

Oficialmente, no entanto, o fim desse sistema ocorreu somente em 1976, em um encontro dos países-membros em Kingston, Jamaica. Sanchez (p.38) diz que, a partir dali, "as taxas cambiais flutuantes foram legalizadas, o papel de reserva do ouro foi reduzido, [e] a determinação da paridade de uma moeda tornava-se responsabilidade de cada país".

A autora pondera, como Arrighi, citado anteriormente, que os arquitetos de Bretton Woods "adotaram uma postura não-liberal na arena financeira, endossando fortemente o controle de capitais". Na visão dos fundadores da instituição, somente essa ordem, diz Sanchez, seria compatível com um novo Estado de *welfare*, por três razões:

> Primeiro, os controles de capital eram necessários para proteger os novos mecanismos macroeconômicos de planejamento desenvolvidos na década de 30 ... Segundo, como os gastos com *welfare* subiam, os governos não podiam mais permitir que suas corporações e cidadãos movimentassem fundos no exterior para escapar à tributação. Terceiro, estava claro que as estruturas regulatórias financeiras domésticas construídas em muitos países durante os anos 30 e 40 para facilitar o planejamento setorial e macroeconômico desmoronariam se os poupadores domésticos e devedores tivessem acesso livre aos mercados financeiros no exterior.

No entanto, o novo liberalismo norte-americano que tomava forma no início da década de 1970 era mais forte e pressionava pela redução dos controles sobre o mercado de capitais. Uma ordem financeira liberal, segundo Sanchez (p.41), "ajudaria a preservar a autonomia política dos Estados Unidos em face dos crescentes déficits", principalmente porque a liquidez dos mercados financeiros do país, ao preservar os atraentes ativos norte-americanos, garantiria que os investidores continuassem a financiar o déficit.

A autora sublinha que houve iniciativas, já em 1971, com o objetivo de restabelecer o poder regulatório fundado em Bretton Woods. Mas elas não foram bem-sucedidas, por causa da pressão em contrário exercida pelos Estados Unidos.

Além disso, um mercado financeiro livre era necessário para a expansão das multinacionais norte-americanas, por meio da qual a hegemonia dos Estados Unidos se consolidava pelo globo. Na verdade, conforme Arrighi (1996, p.73), essa era uma base importante do domínio norte-americano desde o final da Segunda Guerra Mundial. Para o autor, o investimento direto realizado entre filiais de empresas transnacionais, e não o comércio, foi preponderante na reconstrução da economia capitalista liderada pelos Estados Unidos desde o fim do conflito.

As políticas fiscal e monetária implementadas pelos países europeus para enfrentar o aumento repentino do preço do petróleo, que quadruplicou no trimestre final de 1973, também contribuíram para que os países europeus tivessem dificuldade em defender o controle de capitais. A recessão instalada em conseqüência do choque do petróleo levou esses governos a adotar políticas inflacionárias e a aumentar sua dependência dos mercados financeiros. Nesse quadro, a saída encontrada pelos Estados Unidos para sustentar sua posição de liderança mundial foi justamente criar condições para que a economia norte-americana pudesse beneficiar-se com mais intensidade da desregulamentação da esfera das finanças.

A expansão do mercado de eurodólares nas décadas de 1960 e 1970 também é apontada como fator importante para a defesa da liberalização dos fluxos de capital. Arrighi (p.311) observa que esses mercados surgiram nos decênios de 1950, alimentados por países comunistas. Essas nações tinham de manter saldos em dólares para o comércio com o Ocidente, mas temiam o congelamento dos valores, se depositados nos Estados Unidos. As quantias foram, então, depositadas inicialmente em bancos londrinos, interessados nas vantagens proporcionadas pelo negócio, de forma que a posterior multiplicação dessas transações é atribuída aos altos lucros que elas trouxeram para os bancos.

Além disso, o mercado de eurodólares foi insuflado pela "maciça migração de capital das corporações norte-americanas para a Europa no fim da década de 1950 e início da década de 1960". A novidade era radical:

> Desenvolveu-se, pois, uma estrutura organizacional que, para todos os fins práticos, estava fora do controle do sistema de bancos centrais, que regulava a oferta de dinheiro no mundo de acordo com o regime de taxas de câmbio fixas estabelecido em Bretton Woods. [Esse sistema] fortaleceu o papel do dólar como moeda mundial, facilitou a expansão global do capitalismo das corporações norte-americanas e tornou essa expansão financeiramente auto-suficiente, mediante a tomada de empréstimos na Europa.

A explosão repentina de fundos líquidos nos mercados de eurodólares logo se converteu, segundo Arrighi (p.313), no "mais importante fator isolado de desestabilização e eventual destruição da ordem monetária mundial do pós-guerra". E o autor aponta que "as empresas transnacionais norte-americanas eram provavelmente os depositantes mais importantes nos mercados de eurodólares". Mas todo o fluxo financeiro global se beneficiou da nova configuração (p.315):

> Ao todo, entre 1970 e 1978, o valor acumulado dos investimentos externos diretos norte-americanos mais do que duplicou (de US$ 78 bilhões para US$168 bilhões), enquanto o dos não norte-americanos (majoritariamente europeus) mais do que triplicou (de US$ 72 bilhões para US$ 222 bilhões) ...

Chesnais (1996) também associa o crescimento do investimento direto, por ele considerado motriz da mundialização do capital, à crise do modelo de regulação financeira nascido em Bretton Woods. Esse autor (p.33) aponta a expansão do IED (investimento externo direto, realizado com o objetivo de influenciar a gestão de empresas situadas em um país que não o do investidor) como fator que desencadeou a etapa da mundialização do capital. O IED, composto de aportes líquidos de capital feitos pelo investidor na forma de compra de ações ou quotas, aumento de capital ou criação de empresas, além de empréstimos líquidos e lucros reinvestidos, promove a "integração horizontal e vertical das bases industriais nacionais separadas e distintas".

Esse sistema de poder em nível mundial levou à redução da autonomia dos Estados nacionais, que passaram a enfrentar restrições ao controle dos capitais financeiros e a sofrer as conseqüências de seu movimento indiscriminado. Chesnais destaca que o nível de endividamento dos Estados diante dos fundos de aplicação dos mercados financeiros deixou a esses Estados "pouca margem para agir senão em conformidade com as posições definidas por tais mercados ..." (p.15). Essa é uma característica central do processo conhecido como globalização financeira, abordado adiante nos termos da mundialização do capital, na descrição de Chesnais.

O crescimento dos mercados financeiros supra-estatais resultou, então, no surgimento de pressões mundiais dirigidas à necessidade de reconstruir a autoridade dos Estados nacionais, para cima ou para baixo. O Fundo Monetário Internacional passou a figurar nesse contexto como instituição capaz de exercer poder sobre o movimento mundial da capitais. Arrighi (1996, p.343) argumenta que o FMI, como organização supra-estatal criada após o fim da Segunda Guerra Mundial, foi revitalizado a fim de exercer funções urgentes de governo mundial que o governo norte-americano não podia negligenciar nem desempenhar sozinho:

> Nos últimos anos, a mais significativa pressão para relocalizar a autoridade para cima constituiu na tendência a barrar a escalada do caos sistêmico mediante um processo de formação de um governo mundial.
> ... Já durante o governo Reagan, o FMI foi autorizado a funcionar no papel de "ministério das finanças mundiais".

Nessa perspectiva, o papel que o FMI passou a desempenhar a partir do final da década de 1970 está alinhado ao exercício da hegemonia norte-americana. Conforme será aprofundado aqui, a manutenção da liderança mundial dos Estados Unidos passou a depender, naquele contexto, da liberdade de ação dos capitais financeiros.

Dessa forma, o FMI pode ser visto como organismo que atua como instrumento da hegemonia norte-americana, ao criar as condições para a desregulamentação da esfera financeira e, assim, para a valorização crescente da importância dos capitais financeiros na dinâmica da economia mundial.

Muitos analistas, discutidos na Parte II, criticam o Fundo por ele supostamente favorecer a mobilidade dos capitais financeiros.

Mas, curiosamente, a crítica vem também do próprio setor financeiro, seja exposta pela esfera pública construída internacionalmente pelo jornalismo de opinião, seja de participantes do mercado financeiro, como Soros (1988).

De fato, Soros (p.240) reconhece que o FMI serve aos credores internacionais, e diz que o sistema financeiro deve ser regulamentado a fim de limitar essa tendência.

O autor imputa ao FMI a responsabilidade pela "expansão inadequada do crédito internacional". Em sua ótica, a arquitetura financeira configurada pelo Fundo estaria incorreta, porque a instituição agiria simplesmente para livrar credores de uma eventual inadimplência (p.241): "Os programas do FMI têm servido para salvar os credores, encorajando-os, assim, a agir de forma irresponsável; essa é uma das grandes fontes de instabilidade no sistema financeiro internacional".

Soros vê uma assimetria na forma pela qual o FMI trata credores e devedores. O Fundo, argumenta, impõe condições somente aos devedores. Elas têm, segundo o autor, o objetivo de capacitar os países devedores a cumprir suas obrigações com os credores. "Assim, o FMI ajudou de forma indireta os bancos internacionais e outros credores."

Embora Soros (p.242) afirme a necessidade de o FMI eventualmente resgatar credores a fim de permitir a "restauração da confiança dos mercados", ele vê essa *performance* como fonte de instabilidade para o sistema capitalista, e defende a criação de um "teto" para os empréstimos concedidos em crises financeiras, além da instituição de um órgão específico para a medida. "A nova instituição, provavelmente uma parte do FMI, garantiria de forma explícita os empréstimos e créditos internacionais até determinados limites" (p.244). O autor detalha a mecânica desse procedimento. Ele diz que os países devedores deveriam comprometer-se com o fornecimento de informações sobre todos os empréstimos públicos e privados contraídos. Dessa forma, a autoridade monetária iria arbitrar os valores que estaria disposta a segurar, considerando as políticas econômicas do país tomador, bem como a conjuntura macroeconômica mundial. Dentro desses limites, os países poderiam ter acesso aos mercados de capitais internacionais "a taxa de juros preferenciais". Fora dos limites definidos em cada caso, "os credores estariam em risco".

Soros admite que seria necessário regulamentar fortemente a atividade bancária para que o novo esquema pudesse operar com eficiência. No entanto, aponta o autor, a instabilidade atualmente existente oferece risco de "colapso" do sistema capitalista (p.245). Nesse ponto, Soros alinha-se à tendência, compartilhada por Arrighi e Chesnais, de ver a globalização financeira como uma etapa da crise aguda do capitalismo. A questão será aprofundada no Capítulo 3.

Por ora, vale apontar a existência de mais uma assimetria intrínseca à atuação do FMI. Arrighi (1996, p.333) argumenta que a expansão e a consolidação das atividades das empresas transnacionais levaram ao desenvolvimento de laços mais eficazes entre os insumos primários do Terceiro Mundo e o poder aquisitivo do Primeiro Mundo, guiados pelo interesse dessas empresas na "preservação da máxima flexibilidade, presente e futura, na utilização dos recursos do Terceiro Mundo em prol das nações do Primeiro".

Uma tensão adicional decorre desse fato, uma vez que a subordinação do Terceiro Mundo às políticas sugeridas pelo Primeiro pode ser preservada por meio da mediação realizada pelo organismo de poder mundial que agora é o FMI, sujeito aos interesses do próprio movimento transnacional do capital. Certa hierarquia de poder e influência pode ser preservada pelo Fundo, que condiciona a concessão de empréstimos à adoção de medidas político-econômicas por parte dos tomadores do dinheiro.

Uma dessas medidas, a abertura comercial, muitas vezes inclui a privatização de setores da economia. Segundo Chesnais (1996), a liquidação de parte do capital produtivo das nações endividadas sob a forma de aquisição de empresas públicas privatizadas torna possível a conversão da dívida em títulos de propriedade para os credores. O autor (p.257) sublinha que a colocação à venda de setores inteiros da economia é uma das conseqüências do endividamento e dos meios empregados para garantir o pagamento dos juros.

Hobsbawn (1995, p.420) caracteriza de forma semelhante o papel atualmente desempenhado pelo FMI. Apoiada pela "oligarquia dos grandes países capitalistas", a instituição se fortalece à medida que fatores como as "incontroláveis incertezas das trocas globais" tornam muitos países dependentes da disposição dos países ricos de conceder-lhes empréstimos, "cada vez mais condicionados à busca local de políticas agradáveis às autoridades bancárias locais", aponta.

O novo papel exercido pelo FMI após 1971, quando foi suspensa a conversibilidade do dólar ao ouro, é multifacetado e deve ser compreendido ao lado das causas e das conseqüências da globalização financeira. A seguir, avança-se com o objetivo de descrever diversos aspectos dessa atual fase do capitalismo mundial, também conhecida como mundialização do capital. As funções desempenhadas pelo Fundo nesse contexto também vão ser analisadas com mais profundidade no próximo capítulo.

3
A GLOBALIZAÇÃO E A HEGEMONIA NORTE-AMERICANA

Chesnais (1996, p.261 et seq.) distingue três características essenciais da mundialização do capital. Embora o autor também utilize, de forma indistinta, a expressão globalização financeira, ele (p.13) diz preferir mundialização porque esse termo dá um "contexto mais rigoroso" a "uma nova configuração do capitalismo mundial e nos mecanismos que comandam seu desempenho e sua regulação".

O primeiro aspecto é a desregulamentação ou liberalização monetária e financeira, que tem como conseqüência a perda de controle do nível das taxas de juros pelos bancos centrais. Embora Chesnais reconheça que a definição das taxas diárias continua a ser um atributo das autoridades monetárias, as taxas a médio e longo prazo são estipuladas segundo tendências dos mercados financeiros, argumenta. Outra decorrência é o lançamento de múltiplos produtos financeiros, que permitem administrar a instabilidade de um mercado desregulamentado através da atrelagem a distintas variáveis de rendimento.

Já a desintermediação, segundo aspecto enumerado por Chesnais, permite aos operadores de serviços financeiros buscar seus objetivos à margem das redes tradicionais criadas pelos bancos. O principal elemento desencadeador dessa situação é, segundo esse autor (p.256), a expansão das técnicas de financiamento mediante a emissão de títulos, acompanhada pelo surgimento de fundos de investimento particulares, que atraíram somas antes depositadas em contas bancárias de poupança.

O terceiro aspecto é a abertura dos mercados financeiros, que consiste na eliminação de barreiras entre especializações financeiras ou bancárias dentro de um mercado nacional, e entre mercados nacionais e externos. Em um mercado nacional, a abertura significa a abolição das diferenças no tratamento de créditos e empréstimos de longo e curto prazo. Distinções entre bancos comerciais e de investimentos também são eliminadas, além de diferenças entre os privilégios usufruídos pelo capital nacional ou estrangeiro. Já a abertura em relação ao exterior é caracterizada pela liberalização dos fluxos de câmbio e pela abertura do mercado de créditos aos operadores estrangeiros – e da Bolsa às empresas estrangeiras.

A mundialização do capital possui causas históricas complexas e conseqüências diversas, que serão discutidas em diferentes abordagens a seguir. Naturalmente, o FMI tem função importante no processo de constituição da globalização financeira.

Prestando consultoria ou emprestando dinheiro, o Fundo esteve ativo em situações de crise ocorridas entre 1976 e 1983, que, conforme Sanchez (1999, p.42), "determinaram o futuro do processo de globalização". Naqueles momentos, a queda de braço se deu entre Estados e mercados, com o Fundo intermediando uma solução favorável a estes últimos.

Na primeira delas, o excessivo endividamento do Reino Unido, causado em parte pelas políticas keynesianas do governo trabalhista, levou as autoridades a temer, em 1976, ataques especulativos contra a libra. O país recorreu ao FMI, que emprestou US$ 5,3 bilhões. Mas isso não foi suficiente. A crise só foi contida quando Londres aceitou implementar um pacote de austeridade proposto pelo FMI, que incluía cortes de gastos públicos. Se rejeitasse a política indicada pelo Fundo, o Reino Unido poderia, como alternativa, impor custosos controles cambiais, sob o risco de inviabilizar o país como elemento importante do sistema financeiro internacional. Diante do impasse, a direção posta pelo Fundo foi seguida pelo governo britânico.

Na segunda situação de crise arrolada por Sanchez (p.43), foi a vez de os Estados Unidos se verem, entre 1978 e 1979, ameaçados por uma crise de confiança em sua moeda. Nesse caso, diz a autora, a crise resultou da "fracassada estratégia econômica de Carter, chamada de 'locomotiva'".

O presidente norte-americano esperava o apoio do Japão e da Alemanha para engrossar um esforço expansionista a fim de tirar o globo da recessão iniciada em 1973. No entanto, uma vez isolado, o governo norte-americano promoveu uma expansão unilateral. Com seu déficit em conta corrente mais uma vez suportado pelo ingresso de capitais estrangeiros, tal governo também contou com o apoio indireto dos japoneses e dos europeus ocidentais, que só teriam a perder no caso de uma desvalorização do dólar, uma vez que para os exportadores desses países o mercado norte-americano ainda era o mais importante. Mas o arranjo não duraria para sempre: "Sem nenhuma indicação de que os Estados Unidos pretendessem reduzir seu crescente déficit externo e frear a inflação interna, os estrangeiros começaram a perder a confiança no dólar".

O país poderia preservar sua autonomia se conseguisse impor a ampliação dos controles externos. Mas outra opção foi escolhida: um programa antiinflacionário que incluía cortes nos gastos governamentais e aumento das taxas de juros.

Na ocasião, inclusive, o país perdia recursos, porque "os bancos internacionais e as multinacionais estavam fugindo da política monetária apertada do Federal Reserve, ao pegar dinheiro emprestado no euromercado para preencher suas necessidades domésticas" (p.44). Dessa forma, somente a cooperação internacional poderia remediar a situação. Isto é, os Estados Unidos ficaram na dependência de os países europeus imporem algum controle sobre o euromercado. Mas suas expectativas foram frustradas.

Além disso, a própria comunidade bancária norte-americana passou a fazer *lobby* para que a desregulamentação doméstica fosse compatível com o nível de liberalização do euromercado. O desfecho veio a seguir. "O completo fracasso das tentativas de regulamentação do FED foi confirmado com sua decisão, em 1981, de permitir o estabelecimento de facilidades bancárias internacionais livres de regulamentação e de impostos em solo norte-americano." A França foi o palco da terceira situação de crise. O governo de François Mitterrand empreendeu uma estratégia expansionista keynesiana depois de eleito, em 1981, acumulando, no entanto, déficits em conta corrente e acarretando aumento da inflação. A ameaça, então, era a de desvalorização do franco. O governo temia ter de aumentar a taxa de juros para defender a moeda. A situação gerou uma crise no governo, resolvida somente depois da intervenção de Michel Camdessus, então diretor do Tesouro e futuro diretor-gerente do FMI. Em 1984, finalmente a França iniciou um programa para liberalizar seus mercados financeiros.

As fracassadas tentativas de conter a globalização financeira foram acompanhadas por uma tendência acentuada de liberalização. O resultado foi inexorável, segundo Sanchez (1999, p.45):

> De fato, no começo dos anos 90 a ordem financeira restritiva de Bretton Woods fora completamente ultrapassada, e uma parceria quase completamente liberal nas relações financeiras surgira entre os países industrializados avançados, dando aos operadores de mercado um grau de liberdade sem paralelos desde os anos 20.

O conjunto de mudanças ocorrido a partir de 1973 encontra explicações abrangentes em Harvey (1993). Esse autor (p.117 et seq.) relaciona as causas da liberalização dos mercados financeiros associando-as ao esgotamento do modelo fordista-keynesiano de produção e expansão capitalista.

Conforme Harvey, é o regime de acumulação (que implica alguma forma de correspondência entre condições de produção econômica e condições de reprodução de trabalho assalariado), bem como o modo de regulamentação social e política a ele associado (que garante a existência de regras e processos sociais minimamente estáveis), que se transformam no fim do século XX.

Dois fatores, segundo o autor (p.118), dificultam a permanência dos regimes de acumulação e dos modos de sua regulamentação. Em primeiro lugar, os mecanismos de fixação de preços são intrinsecamente anárquicos. Em segundo, a complicação vem da necessidade de continuamente assegurar lucros crescentes aos capitalistas. O regime de acumulação sustentado pelo fordismo-keynesianismo proveu as condições para que essas duas fontes de instabilidade fossem domesticadas temporariamente, em benefício da expansão capitalista.

Assim, Harvey (p.119) vê a expansão após a Segunda Guerra Mundial como um período marcado por um conjunto de "práticas de controle do trabalho, tecnologias, hábitos de consumo e configurações de poder político-econômico" fordista-keynesiano que prevalece somente de 1945 a 1973, sendo substituído por um regime que ele chama de "acumulação flexível".

O fordismo, nascido em 1914 com a direção de Henry Ford sobre uma fábrica de carros apoiada em uma linha automática de montagem, sofisticou práticas anteriores de divisão do trabalho. Mais que isso, significou principalmente a associação entre produção de massa e consumo de massa em um novo desenho de sociedade (p.122):

> Ford acreditava que o novo tipo de sociedade poderia ser construído simplesmente com a aplicação adequada do poder corporativo. O propósito do dia de oito horas e cinco dólares só em parte era obrigar o trabalhador a adquirir a disciplina necessária à operação do sistema de linha de montagem de alta produtividade. Era também dar aos trabalhadores renda e tempo de lazer suficientes para que consumissem os produtos produzidos em massa que as corporações estavam por fabricar em quantidades cada vez maiores.

Foi necessário, diz Harvey (p.124), a criação de um modo de regulamentação político-social para atender aos pré-requisitos da produção fordista. É assim que o fordismo se encontra com o keynesianismo, visto como um "conjunto de estratégias administrativas científicas e poderes estatais que estabilizassem o capitalismo". Isto é, uma série de "arranjos políticos, institucionais e sociais que pudessem acomodar a crônica incapacidade do capitalismo de regulamentar as condições essenciais de sua própria reprodução".

O problema de configurar o Estado para exercer tal função só foi resolvido após 1945, sustenta Harvey (p.125). Desse ano até 1973, os "países capitalistas avançados" alcançaram taxas de crescimento fortes e estáveis, os padrões de vida foram elevados e a democracia de massa disseminou-se. E tal desempenho foi resultado de muitas transformações, operadas pelos principais atores dos processos de desenvolvimento capitalista:

> O Estado teve de assumir novos (keynesianos) papéis e construir novos poderes institucionais; o capital corporativo teve de ajustar as velas em certos aspectos para seguir com mais suavidade a trilha da lucratividade segura; e o trabalho organizado teve de assumir novos papéis e funções relativos ao desempenho nos mercados de trabalho e nos processos de produção.

O arranjo bem-sucedido tem facetas diversas, mas bem definidas.

Utilizava-se o grande poder corporativo para assegurar o crescimento sustentado de investimentos que aumentassem a produtividade, garantissem o crescimento e elevassem o padrão de vida enquanto mantinham uma base estável para a realização de lucros.

Os ajustes necessários para manter esse perfil empresarial foram suficientes para promover uma profunda reorganização de processos de produção, que incluiu avanço tecnológico, melhoria administrativa e de técnicas de *marketing*, e obtenção de economia de escala por meio da padronização dos produtos.

Importante também foi a suspensão temporária da competição intercapitalista, possibilitada pela crescente centralização de poder pelos Estados Unidos. A disposição global sob a hegemonia norte-americana facilitou a expansão capitalista de forma particular.

Harvey enfatiza o papel do Estado no desenvolvimento capitalista do pós-guerra (p.129):

> Na medida em que a produção de massa, que envolvia pesados investimentos em capital fixo, requeria condições de demanda relativamente estáveis para ser lucrativa, o Estado se esforçava por controlar ciclos econômicos com uma combinação apropriada de políticas fiscais e monetárias no período pós-guerra.

A atuação estatal contemplou principalmente a provisão de bens e equipamentos públicos importantes para preservar o emprego e o consumo de massa, além da complementação dos salários, com serviços como assistência de saúde, educação e habitação. Inclusive, diz Harvey, o poder do Estado foi exercido de alguma forma sobre os acordos salariais, conservando os direitos dos trabalhadores.

O fordismo também esteve presente na base da expansão do investimento estrangeiro direto (IED). Embora o IED já tivesse dado seus primeiros passos no período entreguerras, quando empresas norte-americanas procuraram mercados para superar os limites de sua demanda interna, segundo o autor (p.131), foi somente depois de 1945 que essa forma de investimento ganhou impulso. A nova configuração permitiu que os Estados Unidos tivessem sua capacidade produtiva absorvida internacionalmente, uma vez que o IED se revelava fonte de expansão internacional da produção, ordenada pelo controle das matrizes sobre as filiais. Além disso, "o progresso internacional do fordismo significou a formação de mercados de massa globais e a absorção da massa da população mundial fora do mundo comunista na dinâmica global de um novo tipo de capitalismo".

No entanto, a sobrevivência do fordismo sempre esteve na dependência de ganhos crescentes de produtividade. Harvey (p.135) salienta que, em meados da década de 1960, o modelo já dava sinais de esgotamento, visíveis na saturação dos mercados.

Mercados saturados resultaram, então, em queda de lucratividade e produtividade, fator que inaugurou uma sucessão de déficits fiscais na Europa e nos Estados Unidos. A primeira e mais acessível solução dada a esses problemas foi a impressão de tanto dinheiro quanto fosse necessário. A inflação começou a crescer, principalmente nos Estados Unidos. Como conseqüência, foi abalado o papel do dólar como reserva monetária mundial. A conjuntura global foi então afetada, gerando conseqüências para o próprio mercado financeiro, diz Harvey. "A formação do mercado de eurodólar e a contração de crédito no período 1966-1967 foram, na verdade, sinais prescientes da redução do poder norte-americano de regulamentação do sistema financeiro internacional."

Como fatores integrantes da configuração global do momento, o autor cita as políticas de substituição de importações de países da América Latina, bem como o fato de as multinacionais expandirem-se em direção à exploração de mão-de-obra e de recursos baratos em regiões pouco exploradas, como o Leste Asiático. De um lado, esses fatores encolheram os mercados para as multinacionais; de outro, aumentaram os custos de transação envolvidos no processo produtivo. Assim, contribuíram para a transformação da relação de forças naquele momento, cujo paroxismo foi justamente o rompimento do acordo de Bretton Woods, quando os Estados Unidos apostaram em sua capacidade de atrair fluxos de capital para financiar seu déficit comercial e, assim, preservar sua hegemonia.

As taxas fixas acordadas em Bretton Woods foram então abolidas, como já tratado aqui, e o sistema de câmbio flutuante foi adotado. O que resultou em um aumento sensível da competição intercapitalista, uma vez que os Estados Unidos não mais asseguravam o equilíbrio global; ao contrário, passavam a competir com mais intensidade por capitais e investimentos.

Essas crises demonstraram, segundo Harvey, a incapacidade de o fordismo-keynesianismo conter as contradições intrínsecas ao capitalismo. A falha mais grave do modelo era justamente sua "rigidez nos mercados, na alocação e nos contratos de trabalho" (p.135):

> Havia problemas com a rigidez dos investimentos de capital fixo de larga escala e de longo prazo em sistemas de produção de massa que impediam muita flexibilidade de planejamento e presumiam crescimento estável em mercados de consumo invariantes.

Tentativas de diminuir a rigidez eram enfraquecidas, senão eliminadas, pelo poder da classe trabalhadora, capaz de barrar mudanças nos contratos de trabalho. Também o Estado encontrava-se em situação inflexível. Seus compromissos com a manutenção de programas de assistência social foram ainda reforçados pela necessidade de defender sua legitimidade, num momento em que a rigidez na produção limitava o aumento da arrecadação para sustentar os gastos públicos.

A impressão de moeda extra para prover quaisquer gastos necessários desencadeou, então, uma onda inflacionária que abalou o ciclo de acumulação de capital. As tentativas de conter a inflação após 1973 revelaram, destaca Harvey (p.136), grande capacidade excedente nas economias ocidentais, disparando primeiro uma crise mundial nos mercados imobiliários. A essa conjuntura somou-se o choque da elevação dos preços do petróleo, que provocou uma corrida por maneiras de economizar energia por vias tecnológicas e organizacionais.

Nesse contexto, aponta o autor (p.137), as estratégias corporativas de sobrevivência caracterizaram-se por diversos fatores: "mudança tecnológica, a automação, a busca de novas linhas de produto e nichos de mercado, a dispersão geográfica para zonas de controle do trabalho mais fácil, as fusões e medidas para acelerar o tempo de giro do capital".

Harvey (p.140) afirma que a nova circunstância destruiu o compromisso fordista. As décadas de 1970 e 1980 foram um período conturbado de reestruturação econômica e reajustamento social e político. "No espaço social criado por todas essas oscilações e incertezas, uma série de novas experiências nos domínios da organização industrial e da vida social e política começou a tomar forma", diz.

A conseqüência foi a passagem para um quadro diferente, caracterizado pelo autor como regime de acumulação flexível. A flexibilidade permitiu o surgimento de novas tecnologias, novos processos de produção, novos produtos e mercados. Ela também abalou o poder do trabalho organizado, ao permitir que os empregadores exercessem maior controle sobre os trabalhadores, que já vinham enfraquecidos em conseqüência da deflação precedente.

Além disso, a industrialização de novas regiões trouxe, para o cenário da produção transnacional, massas trabalhadoras acostumadas a normas igualmente flexíveis. A concorrência forçou para baixo os padrões globais de salários diretos e indiretos.

A acumulação flexível é distinguida pelo autor como um regime marcado essencialmente por desemprego estrutural, além de "rápida destruição e reconstrução de habilidades" e "ganhos modestos (quando há) de salários reais". De acordo com Harvey, a situação tornou-se desfavorável ao trabalho (p.143):

> Diante da forte volatilidade do mercado, do aumento da competição e do estreitamento das margens de lucro, os patrões tiraram proveito do enfraquecimento do poder sindical e da grande quantidade de mão-de-obra excedente (desempregados ou subempregados) para impor contratos de trabalho mais flexíveis.

Embora Harvey (p.144) reconheça que a flexibilidade possa ser eventualmente benéfica também aos trabalhadores, o quadro geral de instabilidade, subemprego, emprego parcial ou temporário, redução salarial e de benefícios sempre pareceu pouco positivo.

Naturalmente, a conjuntura geral do processo produtivo também foi afetada. Novas técnicas e formas de organização sacudiram as empresas tradicionais, e o resultado foi uma "onda de bancarrotas, fechamento de fábricas, desindustrialização e reestruturações que ameaçou até as corporações mais poderosas" (p.146). Isso porque técnicas e formatos criados para a produção em massa tiveram dificuldade em adaptar-se aos ditames do novo regime de acumulação flexível – "com sua ênfase na solução de problemas, nas respostas rápidas e, com freqüência, altamente especializadas, e na adaptabilidade de habilidades para propósitos especiais".

A conseqüência de maior repercussão foi a substituição da produção fordista de massa pela manufatura de uma diversidade de produtos em quantidades pequenas e preços baixos. O encolhimento do emprego industrial foi acompanhado pela expansão no setor de serviços, no qual, segundo Harvey (p.148), ao contrário dos setores da indústria, há "evidente dificuldade de obter ganhos de produtividade semelhantes".

No entanto, o poder corporativo não esmoreceu. Em vez disso, passou a apoiar-se nos ganhos em escala. Outro aspecto importante da desregulamentação praticada no regime de acumulação flexível foi o crescimento de empresas por meio de fusões e aquisições, na tentativa de reduzir os custos da produção e aumentar os lucros por intermédio da diversificação das atividades.

Finalmente, uma conseqüência ainda mais importante do movimento descrito por Harvey é a própria globalização financeira, embora essa expressão não seja usada pelo autor no trabalho em questão, publicado em 1989 nos Estados Unidos. Mas a falta da expressão, somente mais tarde vulgarizada, obviamente não impediu Harvey (p.152) de ver o problema já com contornos claros. Para ele, trata-se de uma "completa reorganização do sistema financeiro global e a emergência de poderes imensamente ampliados de coordenação financeira", tendência caracterizada por um movimento dual:

> de um lado, para a formação de conglomerados e corretores financeiros de extraordinário poder global; e, de outro, uma rápida proliferação e descentralização de atividades e fluxos financeiros por meio da criação de instrumentos e mercados financeiros totalmente inéditos.

A desregulamentação e a inovação financeira tornaram-se não só marcas da configuração então emergente, mas principalmente exigências da sobrevivência do mercado financeiro. Harvey salienta o ineditismo desse contexto, pelo menos em seu alcance e grau de complexidade, propiciados pelo avanço da informática e da telemática:

> A formação de um mercado de ações global, de mercados futuros de mercadorias (e até de dívidas) globais, de acordos de compensação recíproca de taxas de juros e moedas, ao lado da acelerada mobilidade geográfica de fundos, significou, pela primeira vez, a criação de um único mercado mundial de dinheiro e de crédito.

O autor (p.154) assinala, então, como se disseminou rapidamente a possibilidade por ele denominada de "empreendedorismo com papéis". Ou seja, meios de obter lucros sem a produção de bens e serviços, aproveitando as variações relativas dos valores das moedas e das taxas de juros, "chegando até à vigilância corporativa direta, seguida da apropriação dos ativos de corporações rivais ou mesmo sem nenhuma relação". O objetivo era simples: "obter lucros estritamente financeiros sem dar importância à produção real".

Harvey sublinha que o novo arranjo dos mercados financeiros de fato atendia com mais eficiência aos requisitos do regime de acumulação flexível, com suas rápidas mudanças de processos e bases industriais e a conseqüente necessidade de expansão e financiamento. O equilíbrio de forças no capitalismo global foi alterado e os sistemas financeiros ganharam muito mais autonomia. Inclusive em relação às políticas fiscais e monetárias nacionais.

Para indicar a força dessa circunstância, Harvey (p.156) cita casos em que a Europa precisou, a fim de obter financiamento, curvar-se à disciplina das finanças, comandada justamente pelo FMI, como descrito anteriormente por Sanchez:

> A concessão britânica, sob um governo trabalhista, a medidas de austeridade ditadas pelo Fundo Monetário Internacional para que o país tivesse acesso ao crédito em 1976, foi uma simples admissão do poder financeiro externo sobre a política interna...

O autor admite que a subordinação do Estado ao capital é característica da história capitalista, mas a novidade é precisa: "... o colapso do fordismo-keynesianismo sem dúvida significou fazer o prato da balança pender para o fortalecimento do capital financeiro".

Mais tarde, o que era uma necessidade econômica resultante da crise do modelo de expansão do pós-guerra revestiu-se de ideologia e ganhou o discurso partidário e eleitoral. A mudança se deu com a vitória nas eleições dos governos Thatcher (1979) e Reagan (1980).

Isto é, um problema econômico real foi absorvido de forma pragmática pela ação política e as soluções então propostas passaram a integrar plataformas partidárias. Em síntese, Harvey (p.157) argumenta que a crise pós-1973 deveu-se em parte à rigidez consolidada por práticas e políticas de governo implantadas durante o vigor do modelo fordista-keynesiano. "As políticas keynesianas tinham se mostrado inflacionárias à medida que as despesas públicas cresciam e a capacidade fiscal estagnava." A saída, então, foi retomar o crescimento, promovendo o corte de despesas públicas. A medida foi transformada pelos "neoconservadores", segundo o autor (p.158),

em "virtude governamental". O discurso político ganhou uma nova bandeira. "Disseminou-se a imagem de governos fortes administrando fortes doses de remédios não-palatáveis para restaurar a saúde de economias moribundas."
No contexto do fortalecimento dos mercados financeiros, Harvey (p.159) vê como inevitável a atuação dos Estados no sentido de preservar a saúde das finanças. Passam a multiplicar-se, então, os casos de insolvência privada coberta por tesouros nacionais. Intensifica-se a busca por formas de coordenação internacional – "através do FMI ou da feitura de acordos coletivos da intervenção em mercados de divisas".

Dessa forma, o autor confronta a concepção hoje disseminada de que o Fundo serviria ao mercado financeiro. Na verdade, ele vê as tentativas da instituição de estabelecer controle sobre os mercados financeiros como "uma luta pela recuperação, para a coletividade de Estados capitalistas, de parte do poder por eles perdido individualmente". Essa linha de ação do FMI foi reforçada, segundo o autor, quando a instituição, com o Banco Mundial, foi designada como "autoridade central capaz de exercer o poder coletivo das nações-Estado capitalistas sobre as negociações financeiras internacionais". No entanto, Harvey considera as conseqüências dessa conjuntura como freqüentemente negativas:

> Esse poder costuma ser empregado para forçar reduções de gastos públicos, cortes de salários reais e austeridade nas políticas fiscal e monetária, a ponto de provocar uma onda dos chamados "distúrbios do FMI" de São Paulo a Kingston, Jamaica, e do Peru ao Sudão e ao Egito a partir de 1976...

O fortalecimento do poder estatal por intermédio do FMI é um dos sinais da continuidade de traços fordistas e keynesianos dentro do regime de acumulação flexível, segundo o autor.

Outra marca importante da permanência de características do modelo anterior é a acumulação de seguidos déficits públicos pelos Estados Unidos, medida necessária para que o Estado norte-americano preservasse sua influência sobre a condução da economia mundial.

Mas os resquícios do compromisso fordista mal se sustentam. Harvey (p.160) vê o Estado atual num dilema:

> É chamado a regular as atividades do capital corporativo no interesse da nação e é forçado, ao mesmo tempo, também no interesse nacional, a criar um "bom clima de negócios", para atrair o capital financeiro transnacional e global e conter (por meios distintos do controle de câmbio) a fuga de capital para pastagens mais verdes e mais lucrativas.

E a natureza de capital que os Estados querem atrair como saída para esse dilema é justamente o investimento estrangeiro direto. Como recurso injetado na produção de bens e serviços, o IED se torna elemento potencial de geração de emprego e renda. Assim, ele tende a ser considerado o principal efeito benéfico da liberação das finanças produzida pela ascensão do regime de acumulação flexível, em substituição ao modelo fordista-keynesiano.

Como colocado anteriormente, Harvey não utiliza a expressão *globalização financeira*, provavelmente porque ela ainda não era popular no tempo em que ele escreveu as considerações aqui utilizadas. No entanto, está claro que a acumulação flexível provê as condições que desencadearam o fenômeno.

De fato, os fatores estão imbricados. A desregulamentação dos mercados financeiros deu impulso a um forte aumento dos fluxos de investimento estrangeiro direto. A conexão entre este e o fenômeno da globalização financeira é, afinal, descrita por Chesnais (1996).

O autor (p.62) cita dados da Organização das Nações Unidas (ONU) e da Organização de Cooperação e Desenvolvimento Econômico (OCDE) que indicam a participação de cada setor da economia no crescimento do IED entre 1987 e 1990. Enquanto os indicadores do nível de comércio mundial permanecem estáveis (caso de Japão, Reino Unido e Itália) ou até caem (França e Alemanha), com exceção dos Estados Unidos, onde sobem, o nível de participação dos serviços financeiros na recepção de investimentos diretos chega quase a triplicar (Estados Unidos) ou ser seis vezes maior (Reino Unido).

Um estudo do Banco Mundial (Shatz e Venables, 2000, p.2) relata que, na metade da década de 1990, 66% do total das exportações norte-americanas foram realizadas dentro de empresas multinacionais. A produção das filiais norte-americanas era três vezes maior que as exportações dos Estados Unidos.

A companhia multinacional é conseqüência de um processo longo e complexo de concentração de capital, e responde às exigências apresentadas por um mercado em que os custos de transação precisam ser reduzidos a fim de ganhar escala e competitividade. Por custos de transação entendem-se diversos obstáculos, conforme Chesnais (1996, p.84):

> a falta de contato entre o comprador e o vendedor, a ignorância de seus desejos recíprocos, a falta de acordo quanto aos preços, a falta de confiança na adequação das mercadorias às especificidades inicialmente estabelecidas, a necessidade de deslocar as mercadorias, a existência de tarifas aduaneiras, de taxação criadas pela transação, de controle de preços, de cotas, a falta de confiança na devolução em caso de não-pagamento.

O autor (p.73) aponta que, com freqüência, as hoje multinacionais diversificaram-se antes de chegar à expansão internacional. Elas, principalmente, têm uma origem nacional, "de modo que os pontos fortes e fracos de sua base nacional e ajuda que tiver recebido de seu Estado serão componentes de sua estratégia e competividade".

De fato, os Estados Unidos prepararam o terreno para a expansão de suas multinacionais. No entanto, mais tarde, o fortalecimento do poder dessas empresas superou a capacidade de os Estados Unidos, ou de qualquer outro Estado, controlá-las, o que caracteriza a hegemonia norte-americana consolidada após a Segunda Guerra Mundial.

No arranjo econômico criado pelas companhias multinacionais, o papel das matrizes é preponderante, por conta do caráter rentista dessas corporações — "o papel essencial da matriz é a permanente arbitragem das participações financeiras que detém, em função da rentabilidade dos capitais envolvidos". Chesnais (p.76) também destaca, como Arrighi, citado anteriormente, a importância das multinacionais na expansão financeira, uma vez que elas atuam não só nos setores produtivos da economia, mas também nos mercados de capitais: "É a função de arbitragem da matriz que confere caráter financeiro ao grupo". Isto é, nessa perspectiva, as filiais são empresas que exploram alguma etapa do processo produtivo, coordenado pela matriz sob o imperativo de posicionar o grupo como ativo rentável no mercado financeiro.

Argumenta o autor (p.77) que uma multinacional precisa ser rentável o suficiente para constituir ativo atraente no mercado financeiro, diante da concorrência de ativos puros, desligados dos custos de transação que se impõem sobre os setores produtivos da economia. O grupo multinacional, diz, "precisa ser eminentemente rentável, mas atualmente essa rentabilidade não pode ser mais baseada unicamente na produção e comercialização próprias do grupo e de suas filiais".

A rentabilidade passa, então, a basear-se também na apropriação de receitas geradas pela atividade de outros negócios, por meio da "multiplicação das participações minoritárias de companhias 'coligadas'" e, principalmente, de "numerosos acordos de terceirização e cooperação interempresas", salienta Chesnais (p.78).

Basta uma empresa abrir seu capital aos mercados financeiros para que sua estratégia de rentabilidade seja afetada pela necessidade de buscar lucro além da esfera produtiva. Soros (1998, p.181) também discute a questão. Ele diz que a administração de uma companhia aberta deve estar tão atenta ao mercado de ações da empresa quanto ao mercado de produtos, de maneira que o desempenho acionário possa, de fato, eventualmente se tornar mais importante:

> Se for o caso de uma escolha, os sinais dos mercados financeiros assumem precedência em relação aos do mercado de produtos: os gerentes estão prontos para fechar divisões ou vender toda a empresa, se a medida aumentar o valor para os acionistas; eles maximizam o lucro em vez da participação no mercado.

E, quando a administração empresarial tende a privilegiar uma gestão focada na rentabilidade das ações em detrimento do valor gerado pela produção, duas conseqüências naturais são o crescimento do número de acionistas e o aumento da "importância relativa da propriedade de ações na riqueza domiciliar", ao passo que o "crescimento da atividade econômica tem sido mais modesto". Isto é, o resultado é a preponderância dos mercados financeiros sobre a esfera produtiva na definição das prioridades do investimento.

O foco na rentabilidade financeira, sustenta Soros (1998, p.182), tem levado à redução do número de empregados, enquanto a globalização e a conseqüente exploração de fontes de mão-de-obra mais barata mantiveram baixo o custo da produção.

O estudo de Shatz e Venables já citado (2000, p.4) aponta que o IED cresceu mais rápido que o comércio ou a renda: enquanto o PIB mundial elevou-se numa taxa média de 7,2% ao ano entre 1985 e 1997, e o comércio mundial expandiu-se em uma taxa de 9,2%, os fluxos de investimento direto cresceram na proporção de 17,6%.

Naturalmente, a origem do IED reflete a desigualdade na importância econômica das nações. União Européia, Estados Unidos e Japão controlam 89,8% do total global de fluxos de investimento direto. Os restantes 10,2% vêm dos países emergentes e das antigas economias comunistas em transição.

A maior parte do investimento direto ocorre mutuamente entre os países ricos, que receberam, entre 1985 e 1997, 71,5% do IED global, segundo o mesmo estudo do Banco Mundial (p.7). Dos países do G-7, França, Alemanha, Itália e Reino Unido investiram mais de três quartos de seus fluxos de IED em 1997 dentro da própria OCDE. Mas a tendência antes da crise asiática era de crescimento entre as nações emergentes e em transição. A participação desses países como destino do IED global saltou da média de 21,8% no período de 1988 a 1992 para a média de 39,8% no período de 1993 a 1997. Dez países (Argentina, Brasil, Chile, China, Hungria, Indonésia, Malásia, México, Polônia e Cingapura) receberam dois terços do total destinado às economias emergentes ou em transição, segundo o estudo do Banco Mundial.

Chesnais (1996) aponta uma diferença entre duas formas de investimento externo: os investimentos diretos e os "de carteira".

Apoiando-se na definição dada pela OCDE, o autor (p.56) admite que a distinção se sustenta com dificuldade, por causa de razões "contábeis, jurídicas ou estatísticas". Em tese, considera-se investimento direto aquele realizado por um investidor que detém pelo menos 10% das ações que dão direito de voto numa empresa. Ou seja, essa forma de aplicação permite, ao investidor, exercer influência sobre as decisões de gestão da empresa, e provém de aportes líquidos de capital, na forma de "compras de ações ou quotas, aumento de capital ou criação de empresas". Também os empréstimos líquidos feitos pela matriz à sua filial e os lucros reinvestidos compõem o IED.

Mas é o investimento direto proveniente do setor financeiro que imprime uma das características mais marcantes da mundialização do capital. A esfera financeira é o espaço "onde é mais gritante a defasagem entre as prioridades dos operadores e as necessidades mundiais", aponta Chesnais (p.239). Nessa perspectiva, a autonomia do capital adquirida em decorrência da financeirização da economia confronta as exigências da produção de bens e serviços, subordinando a esfera produtiva aos imperativos da busca de lucros desligada das necessidades da vida material.

O autor (p.241) sublinha que, apesar de os capitais que se valorizam na esfera financeira continuarem a nascer no setor produtivo, "onde são criados o valor e os rendimentos fundamentais (salários e lucros)", a independência que eles adquirem os transforma em massas em busca de rentabilidade máxima. E é isso que os leva a colocar exigências radicais às multinacionais que deles necessitam. A esse imperativo de lucratividade, Chesnais atribui a escolha dos métodos pelos quais o próprio setor produtivo é forçado a enxugar custos a fim de aumentar sua competitividade: terceirização, deslocamento para áreas do globo que oferecem vantagens comparativas como baixos salários, leis trabalhistas mais frouxas, matérias-primas mais baratas e acessíveis etc.

Assim, a liberalização dos fluxos de investimento contribui, segundo Chesnais (p.211), para dar ao capital uma liberdade de escolha que anula os efeitos benéficos da expansão do comércio internacional.

Se, segundo o autor (p.216), o comércio exterior colaborava com a construção de mercados domésticos, sem substituí-los como fonte de acumulação do capital e crescimento de renda, e permitia ao país assegurar um "suprimento complementar de recursos agrícolas ou minerais, bem como de bens de capital ou equipamentos", na fase da mundialização do capital a situação é distinta. Nesse contexto, não são mais as exigências do setor produtivo que orientam a expansão capitalista, mas as necessidades de outra ordem, a financeira, comprometida com seu horizonte de lucratividade imediata, obtida principalmente por meio de operações de especulação com ativos financeiros.

A desregulamentação que ampliou as possibilidades de lucros financeiros foi acompanhada, diz Chesnais (p.242), pelo surgimento de muitos produtos nas bolsas, então somados ao mercado de ações, títulos da dívida pública e créditos bancários, que pularam de US$ 1,23 trilhões em 1982 para US$ 4,94 trilhões dez anos depois.

A hipertrofia da esfera financeira pode ser avaliada a partir da comparação, feita pelo autor (p.243), entre o crescimento do intercâmbio comercial, dos fluxos de investimento direto e das transações nos mercados de câmbio. Esse último segmento foi o que registrou maior expansão: na década de 1980, o volume de transações multiplicou-se por dez.

A expansão do mercado financeiro pode ser compreendida como uma fase em que dinheiro gera dinheiro com muito mais eficiência – D-D', na fórmula marxista tomada por Chesnais (p.246) – do que se fosse investido na produção como fonte de riqueza (D-M-D'). Nessa configuração, investir na esfera produtiva deixa de ser compensador. O capital passa a exigir remunerações maiores, incompatíveis com as margens possíveis na esfera da produção (p.247):

> A partir do momento em que os bancos e as outras instituições financeiras não se satisfazem mais com suas funções, importantes mas subalternas, de intermediação financeira e de criação de crédito a serviço do investimento, eles vão necessariamente abrir a transformação da esfera financeira em campo de valorização específico para operações de novo tipo, suscetíveis de proporcionar mais-valia e lucros financeiros.

O autor sublinha que um mecanismo importante de transferência de riqueza para a esfera financeira é o serviço da dívida pública, que deu margem ao surgimento de uma classe rentista composta de credores do Estado, que não vivem de uma atividade própria, mas da de seus devedores. Chesnais (p.248) cita documento do FMI que aponta a dimensão desse negócio, no qual os títulos públicos representam a "espinha dorsal" dos mercados de obrigações, superando qualquer segmento dos mercados financeiros, exceto o de câmbio.

O mercado de câmbio, inclusive, detalha o autor, foi transformado, após a desregulamentação crescente desencadeada após o fim do sistema de Bretton Woods, em um "espaço onde moedas e ativos financeiros estão indissoluvelmente imbricados". Isto é, as moedas, mesmo o dólar, sofrem valorizações e desvalorizações em um processo de circulação no mercado que pode gerar conseqüências econômicas devastadoras.

Chesnais (p.249) enfatiza esse aspecto, comparando essa realidade àquela existente quando a liberalização não era tão intensa. Ele destaca que foi objetivo do sistema de Bretton Woods estabelecer uma moeda internacional estável:

> A existência de uma moeda capaz de garantir uma ancoragem efetiva para as transações internacionais, como um todo, é indispensável para garantir às relações econômicas o máximo de estabilidade que o sistema capitalista permite, e para facilitar a coesão das relações sociais internas.

Com esse sistema, as autoridades estatais podiam "controlar a criação de crédito e assegurar a relativa subordinação das instituições financeiras e do capital de empréstimo às necessidades do investimento industrial". Mas o autor aponta a dificuldade de o Estado preservar esse arranjo quando ampliam-se as pressões pela desregulamentação dos mercados de capitais.

Embora tenham ocorrido tímidas tentativas de controle dos fluxos financeiros, Chesnais assinala a cumplicidade dos Estados Unidos e do Reino Unido com as exigências postas pelo capital em busca de expansão. Foram esses governos, diz (p.252), "que permitiram que o capital monetário concentrado começasse a se livrar dos entraves das legislações nacionais e a expandir-se sem mais ter de se submeter a medidas de controle e enquadramento da criação de crédito".

Além disso, as "longas e imbricadas cadeias de operações" efetuadas em um mercado interbancário livre de controles e da exigência de reserva obrigatória permitiram a multiplicação de capitais desligados da economia material, inflados por créditos "criados como que por encanto, dentro de uma rede fechada de bancos ligados entre si pelo emaranhado de suas posições devedoras e credoras, e oferecidos aos países em desenvolvimento" (p.255).

Chesnais diz que a percepção do caráter fictício das somas emprestadas ao Terceiro Mundo levou ao questionamento da natureza da obrigação que os devedores têm com os credores. Os valores emprestados, diz (p.256), são resultado de um "balanço complexo, feito de muitas contas a pagar e a receber; de uma criação convencional, para não dizer fictícia, de liquidez, destinada a garantir a entrada de lucros bancários".

O papel da dívida do Terceiro Mundo na mundialização do capital é caracterizado pelo autor (p.256), que aponta a criação de um "mercado secundário da dívida estatal, onde os bancos mais expostos podiam limitar seus riscos, vendendo títulos difíceis de cobrar para firmas especializadas na 'caça ao país em desenvolvimento devedor'". Outra decorrência afetou diretamente as economias tomadoras de empréstimo. Assistiu-se, segundo Chesnais,

> à prescrição de uma parte do capital produtivo nacional das nações devedoras, sob a forma de aquisição de empresas públicas privatizadas, para permitir a conversão da dívida em títulos de propriedade entregue aos credores.

Na verdade, dois grupos de atores principais se beneficiam da formação dos mercados de títulos da dívida pública, segundo o autor (p.258). Em primeiro lugar estão os países industrializados, para os quais a securitização dos ativos da dívida permite o financiamento do déficit orçamentário. Em segundo vêm os fundos de pensão e de investimento.

O serviço da dívida colocou nações devedoras numa posição fragilizada diante da esfera financeira. "Quanto mais se aprofundaram os déficits orçamentários, mais aumentou a parte dos orçamentos reservada para o serviço da dívida pública, mais forte se tornou sua pressão sobre os governos" (p.259).

Importante constatação posta por Chesnais afirma a naturalidade com que a mundialização do capital ocorre, independentemente de planejamento ou de intenção organizada. A atual configuração "não decorre, com certeza, de algum plano calculado, e sim propaga-se por efeito de contágio", uma vez que qualquer país que queira financiar seu déficit orçamentário por meio da oferta de títulos da dívida pública será obrigado a alinhar-se ao jogo do mercado financeiro.

Com efeito, a manutenção de controles e restrições maiores do que se pratica em outras praças financeiras só pode dar em desviar os operadores, e seus fundos, para as praças onde reina a "liberdade de investimento" em matéria financeira (p.260).

Tal é o poder dos grandes operadores, salienta Chesnais (p.261), que eles passaram a gozar de uma espécie de garantia de impunidade. Como se tornaram importantes demais, os governos vêm em seu auxílio no caso de imprevistos, impedindo-os de "quebrar".

Já o FMI, quando "socorre" governos em débito, promove a transferência de ativos de tesouros públicos para bancos privados credores. Em última análise, é o dinheiro do contribuinte que é destinado a compensar maus investimentos realizados por operadores cientes das possíveis conseqüências de suas apostas.

Essas operações de "socorro" financeiro, que evitam eventuais perdas dos investidores globais e assim eliminam o chamado "risco moral" (*moral hazard*), inerente à instabilidade dos movimentos no mercado financeiro, são criticadas com freqüência por textos jornalísticos, como se verá na Parte II deste livro. Inclusive porque, segundo a argumentação corrente, o investidor não tem motivo para agir com prudência se sabe que será socorrido quando suas operações especulativas ou de crédito incerto derem errado.

Dessa forma, o FMI proporcionaria uma espécie de seguro contra crises financeiras, que traria benefícios justamente para os responsáveis pelas crises, à custa do dinheiro do contribuinte (evidentemente, os contribuintes dos países que constituem os maiores cotistas da instituição são os que mais pagam). A ação do Fundo, nessa perspectiva, serviria então como fator de produção contínua de novas crises, contribuindo não para sanear o mercado financeiro, mas para institucionalizar a desordem e o risco sistêmico.

Finalmente, Chesnais assinala duas conseqüências especialmente negativas da globalização financeira: a impotência do Estado e a precarização do trabalho, fatores que indicariam uma crise do sistema capitalista. Intrigante é a analogia que se pode fazer entre essa colocação e a argumentação de Arrighi (1996), que caracteriza de forma semelhante a etapa atual do capitalismo, mas em bases mais amplas, como se verá adiante, quando será discutido o contexto da hegemonia norte-americana.

A fragilidade do Estado decorre, segundo Chesnais (p.287), da freqüência com que operações especulativas põem em xeque o poder de intervenção das nações sobre os mercados, a fim de proteger sua moeda:

> A financeirização das taxas de câmbio fez dos "mercados financeiros" a alavanca imediata de consideráveis lucros financeiros "puros". Muitas vezes, o montante de recursos financeiros de que dispõem os bancos, as instituições financeiras, os fundos de pensão privados e também os grupos industriais é superior às receitas orçamentárias dos Estados, inclusive daqueles dos países desenvolvidos, e sobretudo nitidamente superior às reservas de divisas em poder da maioria dos bancos centrais.

Dessa maneira, sustenta o autor (p.289), fluxos financeiros coordenados exercem "considerável efeito desestabilizador nos mercados (de câmbio e de títulos)".

Já a precarização do trabalho significa, para Chesnais (p.292), demissões em massa, perdas salariais e flexibilização das leis trabalhistas. A razão, conforme afirma o autor, é clara e se deve à mera exigência de o capital aplicado na produção ser remunerado com a mesma rentabilidade da qual gozam os capitais desligados da atividade produtiva:

> O objetivo dos fundos é valorizar seus ativos industriais, pelos mesmos critérios que os seus ativos financeiros como um todo. Os gestores dos fundos buscam a maior rentabilidade, mas também o máximo de mobilidade e flexibilidade, e não reconhecem nenhuma obrigação além dessa de fazer render os seus fundos; as conseqüências de suas operações sobre a acumulação e o nível de emprego "não são problema deles".

Dessa forma, as decisões de investimento seguem razões diversas, distintas daquelas de ordem econômica associadas ao modelo fordista de regulação, no qual o poder corporativo precisava preservar a vitalidade dos mercados consumidores. A desregulamentação dos mecanismos associados à regulação fordista, salienta Chesnais (p.299), resulta na equiparação das exigências de lucro entre o capital produtivo e o capital rentista. As conseqüências para o nível social dos trabalhadores são graves, especialmente para aqueles dos países emergentes. Conforme o autor, o endividamento crescente dessas nações "agravou a incapacidade desses países de se contraporem aos fatores que, de resto, iam no sentido de sua 'desconexão' do sistema internacional de intercâmbio comercial".

Na atual fase econômica mundial, coloca Chesnais (p.300), encontram-se, "se não destruídas, pelo menos seriamente danificadas" três configurações institucionais historicamente constituídas e que foram fundamentais para assegurar a estabilidade e a expansão capitalista no pós-guerra.

Ele define, em primeiro lugar, os fatores que permitiram a consolidação do trabalho assalariado como a "forma absolutamente predominante de inserção social e de acesso à renda":

> Até o começo da década de 70, o sistema soube gerar, por meio dos elementos constitutivos da relação salarial fordista, um nível de empre-

go assalariado suficientemente alto e suficientemente bem pago para preencher as condições de estabilidade social e, ao mesmo tempo, criar os traços necessários à produção de massa...

Em segundo lugar, Chesnais relaciona os fatores que deram lugar a um "ambiente monetário internacional estável": taxas de câmbio fixas e mecanismos de subordinação das finanças às necessidades da indústria.

Por último, o elemento mais importante: a existência de Estados dotados de instituições fortes o suficiente para disciplinar as operações do capital privado e com reservas para suprir deficiências de investimento privado e fortalecer a demanda.

O enfraquecimento desses três pilares caracteriza o que Chesnais define como a dimensão mais fundamental da crise do modo de desenvolvimento capitalista, marcada pela dissolução das relações que garantiam estabilidade e crescimento. A destruição de postos de trabalho como efeito das mudanças tecnológicas recentes não teria a mesma dimensão não fosse a mobilidade de ação do capital, diz.

O autor é cético sobre as possibilidades de reversão do quadro atual. É verdade, diz, que a limitação dos fluxos de capital, o maior envolvimento das companhias com seus países de origem e o controle dos Estados nacionais seriam capazes de reverter o quadro de fragilização do emprego. No entanto, argumenta, essas possibilidades foram barradas pelo conjunto de mecanismos que tornaram realidade a globalização financeira.

Chesnais (p.304) diz que a melhoria da produtividade deveria resultar em crescimento econômico, mas não é isso o que se vê. Em vez disso, constatou-se, na conjuntura mundial da década de 1990, um quadro de "depressão econômica longa", marcado por conflitos comerciais crescentes, que resultou das mudanças nas relações entre capital e trabalho, e entre capital produtivo e capital financeiro, causadas dentro do contexto da globalização.

As conseqüências, para o autor (p.319), são a crescente separação entre incluídos e excluídos do sistema capitalista e a constituição de um *apartheid* global.

Como se sabe, a globalização financeira como processo que se revela contra a sociedade, isto é, contrário ao atendimento de necessidades sociais, é uma das noções mais difundidas da atualidade. Até mesmo Soros (1998) compartilha dela. Chesnais (p.22), que ataca os defensores do *laissez-faire*, qualificando-os como fundamentalistas de mercado, aponta a necessidade de regulamentar os fluxos de capitais pelos Estados nacionais, a fim de se resguardarem condições socioeconômicas mínimas. Para o financista, se o mercado permanecer com o poder de que dispõe atualmente, o risco é a desintegração do capitalismo. A situação é "frágil e insustentável", segundo ele. "Os mercados financeiros são intrinsecamente instáveis e há necessidades sociais que não são atendidas pela completa liberalização das forças do mercado", sublinha.

Nesse contexto, a natureza da crise atual deve ser associada às características da hegemonia norte-americana consolidada no pósguerra e à atuação do FMI sob a liderança global dos Estados Unidos, após a transformação da instituição, em 1971.

Os Estados Unidos são o principal cotista da instituição, com 18,25% do total do poder de voto nas decisões (dados de 1998; IMF, 2001a). Em segundo lugar vem a Alemanha, com 5,67%. Depois, Japão, com 5,6%; e França e Reino Unido, com 5,10%. A cota do Brasil equivale a 1,41%.

Desde o começo da década de 1970, o liberalismo financeiro defendido pelos Estados Unidos esteve ligado à percepção, pela administração do país, de que tal ordem seria necessária para garantir o nível de transações exigido para financiar os crescentes déficits de pagamentos.

Naquele momento, sustenta Sanchez (1999, p.41), ficou claro para a burocracia norte-americana que o arranjo nascido em Bretton Woods, o qual preservava um papel central para os Estados Unidos na direção da economia mundial, deveria, em face da falência iminente, ser substituído por uma nova conjuntura financeira, a qual restituiria ao país "um poder indireto através da pressão de mercado".

A natureza desse poder é caracterizada por ser capaz de limitar ou influenciar as escolhas dos parceiros comerciais na Europa e na

Ásia, e é inerente à forma de hegemonia exercida pelos Estados Unidos, que lideram o chamado quarto ciclo sistêmico de acumulação na história do capitalismo, conforme Arrighi (1996). O autor (p.1) argumenta que a história capitalista atravessa um momento de crise decisivo, semelhante, em certos aspectos, a outras fases anteriores:

> Longos períodos de crise, reestruturação e reorganização – ou seja, de mudanças com descontinuidade – têm sido muito mais típicos da história da economia capitalista mundial do que os breves momentos de expansão generalizada por uma via de desenvolvimento definida, como a que ocorreu nas décadas de 1950 e 1960.

Arrighi aceita como válida a tese, acima exposta por Harvey, de que o modelo fordista-keynesiano esgotou-se, dando lugar ao regime de acumulação flexível. No entanto, diz (p.4) que mesmo Harvey tem "plena consciência" da dificuldade de explicar totalmente as condições em que se deu a transição. Assim, Arrighi admite que é motivado pelas mesmas questões das quais Harvey se ocupou, mas dá a elas um tratamento diferente.

Arrighi se apóia na explicação dos chamados ciclos sistêmicos de acumulação. Em cada um deles, uma configuração de circunstâncias excepcionais levou o capitalismo a desenvolver-se e a expandir-se com velocidade, sempre sob o patrocínio de uma potência nacional, que lidera um arranjo internacional forte e vantajoso o suficiente para frear a competição intercapitalista e proporcionar as condições para a estabilidade e o crescimento.

A noção de competição intercapitalista deve ser compreendida dentro de um contexto preciso, definido por Arrighi, que diz contrapor-se a um constructo recorrente (p.10):

> A visão convencional das ciências sociais, do discurso político e dos meios de comunicação de massa é que capitalismo e economia de mercado são mais ou menos a mesma coisa, e que o poder do Estado é oposto a ambos, aponta.

Arrighi contesta essa assunção. Ele baseia-se na noção braudeliana que identifica a existência de três camadas na estrutura do capitalismo mundial. A camada mais inferior é aquela da vida material, das trocas simples, do cotidiano do trabalho. O nível intermediário é o da economia de mercado, na qual custos e preços são determinados por meio das relações entre demanda e oferta. A camada superior é justamente aquela do antimercado, na qual são os arranjos e as disputas entre grandes competidores – os Estados-nação – que determinam a vitalidade ou a fragilidade do sistema capitalista em dado momento da história.

Na evolução do capitalismo, salienta o autor (p.11), a economia de mercado assistiu à crescente redução de sua autonomia relativa e passou a ser modelada por configurações capitalistas de alcance mundial, construídas a partir das grandes conquistas territoriais européias.

Nesse contexto, está posto que o poder do capital só se multiplica e prevalece quando associa-se ao Estado; a história do capitalismo torna-se a história das circunstâncias históricas e das variantes nas quais se deu o arranjo entre Estado e capital.

Sob essa ótica, fatores específicos devem ser levados em conta, quando o objetivo é compreender o motor do desenvolvimento capitalista. Assim, é a cooperação entre nações e agentes capitalistas que permite o processo de expansão da economia. Já o "anverso deste processo" é a "competição interestatal pelo capital circulante". Isto é, a competição entre Estados capitalistas por mercados e capitais pode dificultar o crescimento econômico, se ocorrer de forma excessiva ou desordenada, sublinha Arrighi (p.12).

Segundo o autor, os períodos em que a competição interestatal se torna menos intensa, graças à concentração de poder em blocos de órgãos governamentais e empresariais, proporcionam expansão material da economia. Mas o poder se dispersa quando os arranjos são questionados porque, por conta de diversos fatores, passam a oferecer menores vantagens aos seus integrantes ou a parte deles; as conseqüências do aumento da competição intercapitalista são a retração da atividade econômica e o crescimento das pressões pela construção de uma nova disposição de poder mundial (p.13):

Como regra geral, as grandes expansões materiais só ocorreram quando um novo bloco dominante acumulou poder mundial suficiente para ficar em condições não apenas de contornar a competição interestatal, ou erguer-se acima dela, mas também de mantê-la sob controle, garantindo um mínimo de cooperação entre os Estados.

Assim, não foi a concorrência entre Estados o fator responsável pela "prodigiosa" expansão da economia capitalista nos últimos 500 anos, mas justamente a concentração de poder na medida suficiente para cessar, ou pelo menos reduzir, a competição intercapitalista, então considerada elemento gerador de instabilidade e inibidor do crescimento, conforme afirma Arrighi.

A competição interestatal pelo capital circulante apóia-se na possibilidade de o endividamento nacional sustentar a expansão econômica: os Estados passam a competir para obter cada vez mais capital, por meio da emissão de títulos da dívida pública, para financiar seu crescimento. Naturalmente, torna-se necessária a "formação de estruturas políticas dotadas de capacidades organizacionais cada vez mais amplas e complexas para controlar o meio social e político em que se realizava a acumulação de capital em escala mundial" (p.14). Os blocos de poder bem-sucedidos nessas duas tarefas foram ao mesmo tempo responsáveis pela expansão ocorrida em cada ciclo sistêmico de acumulação.

Arrighi (p.5) utiliza a fórmula marxista da lógica dos investimentos capitalistas individuais – DMD' – a fim de oferecer uma explicação para o padrão reiterado do capitalismo histórico, manifestado no fenômeno dos ciclos sistêmicos de acumulação:

> O capital-dinheiro (D) significa liquidez, flexibilidade e liberdade de escolha. O capital-mercadoria (M) é o capital investido numa dada combinação de insumo-produto, visando ao lucro; portanto, significa concretude, rigidez e um estreitamento ou fechamento das opções. D' representa a ampliação da liquidez, da flexibilidade e da liberdade de escolha.

Arrighi interpreta a fórmula assim posta de maneira particular. Ele argumenta que a equação permite perceber que o capitalista investe em combinações específicas de insumo-produto, apesar da perda de liberdade e flexibilidade, porque ele as vê como meio de ampliar sua riqueza. Mas à medida que esses arranjos deixam de ser lucrativos, em função de múltiplos fatores, o capital tende a retornar à sua forma líquida, e assim permanecer em grande quantidade, até que as estruturas produtivas voltem a se mostrar tão ou mais rentáveis.

Em toda a história do capitalismo, detalha o autor, os ciclos ocorreram por ocasião das hegemonias genovesa, holandesa e britânica. O fim de cada um desses três ciclos foi marcado justamente pela expansão da esfera financeira, após um momento de conflitos intercapitalistas que reduziram a lucratividade do capital e, assim, inviabilizaram a possibilidade de determinado arranjo internacional continuar sendo vantajoso para produzir estabilidade e crescimento econômico.

Portanto, o declínio da hegemonia genovesa no começo do século XVII significou o esgotamento de um arranjo intercapitalista específico, que foi acompanhado pelo surgimento de condições para que a dominação holandesa fosse erigida já no fim do século XVIII. O poderio holandês e a configuração internacional que ele patrocinou se sustentaram até o fim do século XIX, quando a hegemonia britânica ergueu-se sobre as condições herdadas do esgotamento da configuração anterior.

A natureza do desenvolvimento capitalista põe em curso a alternância de duas situações opostas, segundo Arrighi (p.6):

> Nas fases de expansão material, o capital monetário "coloca em movimento" uma massa crescente de produtos (que inclui a força de trabalho e dádivas da natureza, tudo transformado em mercadoria); nas fases de expansão financeira, uma massa crescente de capital monetário "liberta-se" de sua forma mercadoria, e a acumulação prossegue através de acordos financeiros (como na fórmula abreviada de Marx, DD'). Juntas, essas duas épocas, ou fases, constituem um completo ciclo sistêmico de acumulação (DMD').

Assim, decrescem as taxas de lucro e o capital prefere permanecer em sua forma líquida (DD') na fase em que o refreamento da competição intercapitalista, condição para o crescimento, é ameaçado pelo esgotamento das condições que propiciaram a expansão capitalista sob determinado arranjo. Nessa perspectiva, expansão e contração são faces do mesmo processo de evolução do capitalismo.

A atualidade é vista por Arrighi justamente como uma fase de contração econômica, caracterizada pela exaustão das condições que contiveram a competição intercapitalista sob a hegemonia norte-americana. A financeirização da economia, ou a mundialização do capital, para utilizar a expressão preferida até aqui, constitui indicador do momento de declínio do ciclo sistêmico de acumulação, segundo o autor.

Se a valorização da esfera das finanças é tomada por Arrighi como um indicador de que a fase atual é de decadência da atividade econômica, o mesmo fenômeno assume sentido semelhante para Harvey (1993). Conforme já foi visto aqui, a expansão financeira é considerada por esse autor como um sinal do esgotamento do modelo fordista-keynesiano. Além disso, ele (p.170) a toma como indicador da tendência de superacumulação, ou seja, uma fase em que o investimento produtivo encontra taxas de lucro insuficientes para atrair capital e sustentar o crescimento econômico, por causa da saturação dos mercados e da conseqüente instabilidade promovida pela competição intercapitalista excessiva.

O fordismo revelou-se, segundo Harvey, como maneira de conter a tendência natural de superacumulação do sistema capitalista, por conta da intervenção decisiva do Estado em diversas áreas: estímulo à demanda com regulação das relações salariais e provisão de bens públicos, além de criação de infra-estrutura, produção e conquista de novos espaços dos quais o capitalismo pode se apropriar, como mercados, recursos naturais etc. "Por conseguinte, a crise do fordismo pode ser interpretada até certo ponto como o esgotamento das opções para lidar com o problema da superacumulação", diz (p.173).

E, se a expansão geográfica ainda viável constitui apenas um paliativo para o imperativo do crescimento do capitalismo, as conseqüências são o aumento da competição intercapitalista por oportunidades de crescimento. Por sua vez, essa situação gera outras decorrências. No regime de acumulação flexível, elas significam, de acordo com Harvey (p.174), a passagem para mais horas de trabalho associadas com uma redução geral do padrão de vida através da erosão do salário real ou da transferência do capital corporativo de regiões de altos salários para regiões de baixos salários, caracterizando uma fase de contração econômica.

Conforme já colocado, nessa fase o capital tende a permanecer na esfera financeira. Sobre esse ponto os dois autores convergem, havendo diferenças entre eles no enquadramento que cada um dá ao fenômeno. Arrighi (1996) amplia a dimensão dentro da qual o problema é analisado, considerando a expansão das finanças dentro do contexto do ciclo sistêmico de acumulação. Já Harvey (1993) atém-se às conseqüências da vida material, ou seja, parafraseando Arrighi, da camada inferior da estrutura capitalista. Dessa maneira, a caracterização da atual fase de expansão financeira deve agora deixar Harvey e aprofundar-se no contexto dos ciclos de acumulação, uma vez que Arrighi vê os Estados Unidos como líder do arranjo construído no ciclo atual, questão central no raciocínio desenvolvido aqui.

Na lógica dos ciclos sistêmicos de acumulação, o incentivo dado à expansão financeira pela potência líder (em declínio) constitui uma derradeira tentativa de preservar sua hegemonia, ainda que sacrificando a configuração anteriormente estabelecida, responsável por criar as condições para o crescimento dentro daquele ciclo. Assim, a principal beneficiária da globalização financeira é a economia norte-americana, mesmo que isso leve ao aumento da competição intercapitalista e traga instabilidade mundial.

O quarto ciclo sistêmico é, dessa forma, marcado pela hegemonia norte-americana e por um quadro internacional que confere aos Estados Unidos o papel de líder mundial, com vantagens agora apenas relativas para os países alinhados a esse quadro. Mas essa liderança está em declínio, aponta Arrighi, e o sinal mais grave da decadência é a expansão financeira atual. Isto é, a configuração econômica mundial da esfera produtiva oferece retornos decrescentes aos investimentos de capital. Estes, assim, tendem a permanecer em sua forma líquida, refugiando-se nos mercados financeiros. No entanto, como já foi visto, os Estados Unidos tiram proveito especial da globalização financeira, financiando seu déficit em transações correntes. Embora muitos países possam igualmente se beneficiar da mundialização do capital para sustentar seu próprio déficit, os Estados Unidos viram na expansão financeira uma forma de preservar sua liderança, conquistada, de fato, em um outro contexto.

Inicialmente, o país estabelecera sua liderança em outras bases. A dominância mundial dos Estados Unidos, tal como ela é hoje exercida, começou a ser construída após a Segunda Guerra Mundial. Segundo Arrighi (p.284), a liderança se deveu, primeiramente, ao fato de o país ter atuado como "oficina do esforço de guerra dos Aliados e como celeiro e oficina da reconstrução européia do pós-guerra", o que aumentou o direito sobre rendas geradas no exterior. Como conseqüência dos crescentes saldos comerciais e de conta corrente, "os Estados Unidos passaram praticamente a desfrutar um monopólio de liquidez mundial".

E, como já tratado aqui, o acordo de Bretton Woods consolidou o país como fonte de liquidez global ao fixar paridades entre as principais moedas do mundo e os custos de produção, por meio da determinação das taxas de câmbio pela atrelagem entre o dólar e o ouro. Naquele momento, as instituições de Bretton Woods passaram a significar estabilidade e ambiente favorável ao crescimento como circunstâncias possíveis somente por causa da liderança norte-americana no estabelecimento de parâmetros para as políticas monetárias nacionais.

A expansão das corporações norte-americanas está na raiz da construção da supremacia norte-americana, enfatiza Arrighi. As operações de interiorização de etapas da produção em uma grande empresa eliminam as incertezas que resultam da concorrência num mercado competitivo. As vantagens dessa natureza de organização empresarial são decisivas, e são traduzidas em economias internas, "decorrentes da divisão 'técnica' do trabalho dentro das próprias empresas", e externas, "decorrentes de uma divisão 'social' do trabalho entre as empresas" (p.300).

Além disso, mais ganhos podem advir de situações nas quais menores economias internas são compensadas por maiores economias externas. Dessa forma, "o espaço econômico abarcado pelos Estados Unidos permitiu que as empresas norte-americanas realizassem uma síntese extremamente eficaz das vantagens do planejamento e da regulação mercantil" (p.304).

Ao longo do tempo, o processo foi reforçado naturalmente. Por meio de estruturas integradas verticalmente e cada vez maiores, as grandes companhias passam a controlar desde a obtenção de insumos primários até a colocação dos produtos finais, de tal forma que impõem barreiras à entrada de novos concorrentes e, como conseqüência, têm seu poder ainda mais ampliado. Esse tipo de organização empresarial tornou-se, conforme Arrighi (p.302), "a base efetiva de um novo estágio do capitalismo em escala mundial". A natureza da hegemonia emergente teve amplo significado. "Sem dúvida, a ascensão do capitalismo de corporações norte-americano à posição de dominação mundial foi um aspecto do processo de transformação da competição intercapitalista ...".

Como mencionado antes, a liderança dos Estados Unidos se caracterizou pela manutenção de um arranjo de forças muitas vezes guiado pela ação autocentrada daquele país. Arrighi (p.303) fala em tradição protecionista, determinante para o reforço da hegemonia nas três primeiras décadas do século XX:

> o protecionismo norte-americano desse período transformou-se, cada vez mais, num modo de compensar o *dumping* nas exportações com lucros extras em casa e, acima de tudo, de negociar, a partir de uma posição de força, a abertura de mercados externos – antes e acima de tudo, os mercados latino-americanos – às exportações e investimentos dos Estados Unidos.

Curiosamente, assim que concluíram sua expansão continental doméstica, as corporações norte-americanas funcionaram como "cavalos de tróia", argumenta Arrighi (p.304). Isto é, elas penetraram mercados internos de outros países, vencendo barreiras protecionistas e "mobilizando recursos externos e poder aquisitivo em prol de sua própria expansão burocrática". Nesse contexto, mesmo o acirramento da competição por mercados lucrativos foi facilmente driblado pelas multinacionais, cujo capital foi beneficiado por meio do "controle das maiores, mais dinâmicas e mais bem protegidas dentre as economias nacionais em que o mercado mundial estava sendo dividido", sublinha o autor. Além disso, o poder dos conglomerados dos Estados Unidos "beneficiou-se por ser mais capaz de neutralizar e reverter em benefício próprio o protecionismo de outros Estados, mediante investimentos externos diretos".

Depois da Segunda Guerra Mundial, a "reconstrução da Europa Ocidental à imagem norte-americana", promovida a partir do Plano Marshall, consolidou a hegemonia dos Estados Unidos na economia mundial. A partir dali, a Guerra Fria e seus desdobramentos deram fôlego à expansão econômica do país, indica Arrighi (p.307):

> O rearmamento maciço, durante e depois da Guerra da Coréia, resolveu de uma vez por todas os problemas de liquidez da economia mundial do após-guerra. A ajuda militar a governos estrangeiros e os gastos militares diretos dos Estados Unidos no exterior – ambos os quais aumentaram constantemente entre 1950 e 1958, e novamente entre 1964 e 1973 – forneceram à economia mundial toda a liquidez de que ela precisava para se expandir. E, com o governo norte-americano agindo como um banco central mundial extremamente permissivo, o comércio e a produção mundiais se expandiram, de fato, numa velocidade sem precedentes.

Dessa forma, na perspectiva de Arrighi, a fase do pós-guerra deve ser caracterizada como um período de expansão material (DM), na qual o capital excedente foi reinvestido na produção e no comércio, sob uma lógica coordenada por organizações governamentais poderosas, criando novas condições de cooperação intercapitalista.

A mudança, segundo o autor (p.308), ocorreu entre 1968 e 1973. Ele a atribui a fatores mutuamente reforçadores, já discutidos aqui:

crescimento excessivo e descontrolado dos mercados de eurodólares e da liquidez mundial, e abandono dos sistemas de paridades cambiais fixas. Uma estimativa citada dá conta da dimensão das transformações em curso: "as simples transações anuais no mercado de eurodólares de Londres foram seis vezes maiores que o valor do comércio mundial em 1979, porém umas 25 vezes maiores sete anos depois".

As experiências históricas analisadas pelo autor mostraram que a expansão capitalista também acaba gerando, de forma despropositada, as condições para o seu próprio declínio, marcado pela saturação dos mercados e pelo esgotamento das possibilidades de lucro na produção e no comércio. Essas duas circunstâncias, por sua vez, resultam em situações de intensificação da competição intercapitalista e levam o capital a preferir permanecer em sua forma líquida (DD'), caracterizando uma fase de financeirização da economia e declínio do investimento na produção.

No caso dos Estados Unidos, a diminuição da capacidade de liderança foi observada já na década de 1970, segundo Arrighi (p.310), quando o país manifestou certo desprezo pelas funções de governo mundial.

Mas o conflito havia se iniciado em 1963,

> quando o governo Kennedy tentou se opor à pressão que as dívidas norte-americanas com instituições públicas e privadas no exterior exerciam sobre as decrescentes reservas norte-americanas de ouro, impondo restrições aos empréstimos externos do país (p.312).

A forma então encontrada foi levantar controles sobre as operações financeiras. O resultado foi adverso. O mercado de financiamentos em dólares moveu-se de Nova York para a Europa, enfraquecendo ainda mais a liderança norte-americana, que já se baseava, em parte, na capacidade de atrair capitais para financiar sua expansão.

Além disso, o crescimento das multinacionais em mercados estrangeiros transmitiu a percepção de que aquela forma de organização empresarial seria imprescindível na conquista de oportunidades. Logo, as corporações européias seguiram os mesmos passos, apoiadas por seus governos, desafiando o poder econômico norte-americano dentro e fora dos Estados Unidos. O contraste com os ciclos sistêmicos precedentes deve ser assinalado (p.314):

> Mais rápido do que em todas as fases anteriores da expansão material da economia mundial capitalista, o crescimento exponencial dos investimentos na produção e no comércio intensificou as pressões competitivas sobre os principais agentes comerciais da expansão.

Assim, as multinacionais norte-americanas foram, como elemento da estratégia da expansão dos Estados Unidos no pós-guerra sob o Plano Marshall, o fator capaz de aumentar e consolidar o poder global do país. No entanto, mais tarde, sob o aumento em escala mundial das pressões competitivas, elas se revelaram o principal limite desse poder. Embora os Estados Unidos tivessem, logo no começo do crescimento de suas corporações na Europa, criado mecanismos para sujeitar aquelas empresas aos seus objetivos, elas logo se multiplicaram em uma dinâmica própria – e livraram-se da interferência do governo norte-americano.

É verdade que, mesmo assim, a hegemonia norte-americana foi mantida – mas em novas bases. Uma vez fracassado no controle dos mercados financeiros, o país buscou maneiras de beneficiar-se dos fluxos financeiros. Após o abandono do sistema de Bretton Woods e suas paridades cambiais fixas em 1973, os Estados Unidos viram-se livres para imprimir tanto dinheiro quanto fosse necessário, o que deu fôlego extra a sua expansão, agora notavelmente em situação de concorrência intercapitalista, aponta Arrighi (p.319):

> A frouxa política monetária norte-americana desviou recursos energéticos estrangeiros para o mercado dos Estados Unidos e proporcionou mercados compradores para os produtos norte-americanos, internamente e no exterior, à custa dos concorrentes europeus e japoneses. Além disso, deu aos Estados Unidos toda a liquidez que lhes era necessária para manter o ímpeto de sua expansão transnacional através de investimentos diretos e empréstimos externos.

Ademais, uma das conseqüências da mudança de rumo das condições do crescimento capitalista é especialmente importante para países como o Brasil. Segundo Arrighi, a flexibilização das taxas de câmbio a partir da década de 1970 assumiu significado particular para os países do Terceiro Mundo, expresso na determinação dessas nações na "hierarquia do valor adicionado da economia mundial capitalista" (p.322). A saída encontrada por esses países foi proteger-se das flutuações cambiais por meio da contratação de empréstimos. Assim, sua demanda por recursos constituiu o que Arrighi chama de "grande contribuição para o crescimento do 'cassino financeiro' dos mercados de eurodivisas".

Desse modo, emprestar ao Terceiro Mundo tornava-se, no decênio de 1970, uma forma de reciclar a excessiva liquidez dos mercados financeiros, inflados por capitais que buscavam lucros crescentes; e, a partir daquele momento, a condição para que esses capitais se tornassem mais rentáveis era que justamente não fossem reinvestidos na produção (p.324). A liquidez em excesso forçou os bancos a "competir ferozmente entre si para empurrar o dinheiro para países considerados dignos de crédito e, a rigor, para baixar os padrões pelos quais os países eram julgados dignos de crédito" (p.325).

Mas essa situação também logo foi alterada, uma vez que, no limite, a competição poderia levar à destruição financeira tanto do governo quanto do empresariado norte-americano. O reverso veio na forma do governo Reagan e de sua política de austeridade monetária e ajuste fiscal, que levou os Estados Unidos a se curvarem à força dos mercados financeiros. Arrighi aponta que a preocupação excessiva de uma potência hegemônica mundial com as finanças é, justamente, um sinal de seu declínio, como já ocorrera na história dos ciclos sistêmicos de acumulação liderados pela Grã-Bretanha e pela Holanda.

Isso porque os beneficiários da expansão financeira são essencialmente uma elite atomizada, o que contradiz os princípios do desenvolvimento exigido pela sociedade. Somente por meio de uma prosperidade material mais ampla um país se reconhece no caminho do desenvolvimento, pautado pelo enriquecimento das camadas médias. A degradação se traduz no aumento da distância entre ricos e pobres. De resto, Arrighi (p.326) aponta que a decadência expressa em um período de financeirização da economia foi observada em outras circunstâncias históricas, sendo as mais recentes meras "variações" das precedentes.

E, apesar de Reagan ter assumido com a proposta de cortar gastos públicos, foi o oposto que ocorreu. O endividamento cresceu rapidamente. Arrighi (p.328) informa que a dívida pública quadruplicou em dez anos. Naturalmente, a posição dos Estados Unidos de maior devedor mundial aumentou sua dependência dos mercados financeiros. Mas as vantagens historicamente advindas da hegemonia mundial sustentaram a estratégia, a qual teve efeitos benéficos sobre o país, que viu mais um período de forte crescimento econômico. Embora os Estados Unidos estivessem cada vez mais endividados, o dólar manteve seu valor. Afinal, os países da Europa ocidental seriam muito prejudicados por uma crise de confiança do dólar (p.329):

> A maior extroversão e as dimensões reduzidas de sua economia interna faziam com que eles fossem muito mais vulneráveis do que os Estados Unidos às oscilações da taxa de câmbio, decorrentes do uso do dólar norte-americano como meio de troca e meio de pagamento internacionais.

Segundo Arrighi (p.331), o governo norte-americano percebera que as tentativas de preservar seu poder por outros meios estavam fracassando, restando somente a gradual diminuição dos controles de capital como forma de manter um arranjo econômico no qual a liderança se mantinha. Ademais, o autor observa que o relativo enfraquecimento da hegemonia dos Estados Unidos foi visível também nas esferas militar e ideológica. O fracasso na Guerra do Vietnã debilitou o militarismo como elemento da estratégia de dominação, ao mesmo tempo que abalou a crença na legitimidade da Guerra Fria.

A dominação dos Estados Unidos e a relativa estabilidade que ela proporciona no refreamento da competição intercapitalista são específicas. Tavares (1997), embora não veja a atual fase da hegemonia norte-americana como decadente, e não a analise no contexto de um ciclo econômico como faz Arrighi, aponta como fator preponderante da liderança dos Estados Unidos justamente a capacidade desse país de *enquadrar* econômica e financeiramente parceiros e adversários.

Na perspectiva da autora (p.35), a dominação dos Estados Unidos mantém a estabilidade possível dentro da complexidade da economia mundial da atualidade. O arranjo global se sustenta graças à idéia de que, embora a supremacia norte-americana nem sempre traga as vantagens esperadas, ela estabiliza, não sem alguma resistência, é verdade, uma configuração que tem permitido lucros crescentes na esfera financeira.

A política "agressiva e imperial" de expansão adotada pelos Estados Unidos tem garantido mercados lucrativos para a Europa e o Japão, mas à custa de um grande déficit da dívida pública norte-americana. Segundo Tavares, a dívida chegara a US$ 1,6 trilhão, o que correspondia a 80% da circulação monetária total no mercado interbancário internacional. A rolagem dessa dívida constitui o principal fator por meio do qual os Estados Unidos situam os parceiros e adversários dentro de um sistema global subjugado:

> Esta dívida é o único instrumento que os EUA têm para realizar uma captação forçada da liquidez internacional e para canalizar o movimento do capital bancário japonês e europeu para o mercado monetário norte-americano. Por outro lado, é um instrumento de aplicação seguro e de alta rentabilidade para o excesso de recursos financeiros dos principais rentistas à escala mundial. Assim, apesar das críticas ao déficit americano, este tornou-se na prática o único elemento de estabilização temporária do mercado monetário e de crédito internacional.

Enquanto a política monetária dos Estados Unidos mantém o dólar sobrevalorizado, a coordenação exercida pelo que Tavares chama de "diplomacia do dólar forte" obriga a maioria dos países a "praticar políticas monetárias e fiscais restritivas e a obter superávits comerciais crescentes para compensar a situação deficitária global da potência hegemônica" (p.36).

O crescimento mundial possibilitado por esse arranjo de poder é essencialmente marcado pelo aumento da competição intercapita-

O FMI SOB ATAQUE 73

lista, salientam Tavares e Melin (1997). A instabilidade está no plano dos "agregados macroeconômicos relevantes", dentro dos quais o capital tende a gerar conflitos se aplicado na esfera produtiva, preferindo refugiar-se na esfera financeira (p.72):

> as exportações globais, aspiração de todos os participantes do jogo, transformaram-se, no que toca à concorrência, em uma verdadeira guerra comercial e o investimento produtivo em ampliação de capacidade é preterido em favor do investimento financeiro, patrimonial e especulativo.

O desequilíbrio é decorrência do aumento das pressões competitivas num capitalismo que se acha, então, desamparado de condições capazes de propiciar estabilidade para o crescimento. Os autores sustentam que as disputas por mercados "redesenham os mapas de produção e distribuição de produtos com extrema velocidade, obrigando a uma revisão permanente do conceito de vantagens comparativas dinâmicas" (p.73).

Finalmente, os autores sublinham a precariedade com que, nesse contexto, erige-se a hegemonia norte-americana. Como "dominação consentida", a situação particular da liderança dos Estados Unidos assenta-se sobre a "inaceitabilidade das alternativas", e tem sido exercida de forma cada vez mais unilateral, com redução das vantagens comparativas de seus parceiros Europa e Japão.

Extremamente controversa, a questão da hegemonia norte-americana é tratada por muitos textos do jornalismo opinativo tomados por essa investigação, seja como pano de fundo de contextos diversos, seja como fator diretamente abordado. Assim, o cenário construído até aqui tem o objetivo de servir à compreensão dos problemas trazidos pelos meios de comunicação aqui selecionados. Mas a revisão empreendida eventualmente não será suficiente. Nesse caso, questões pontuais serão abordadas. Mais uma vez, a sucessão progressiva de aproximações da matéria será justificada pela complexidade dos assuntos envolvidos.

Dessa forma, o próximo capítulo traça um resumo da atuação do FMI entre janeiro de 1997 e junho de 1999, facilitando a compreensão das questões envolvidas na argumentação dos textos dos veículos selecionados. Essa abordagem é descritiva e tem como fonte documentos divulgados por governos e pelo próprio Fundo.

Já a Parte II avança na descrição e na análise das perspectivas simbólicas construídas e veiculadas pelo jornalismo opinativo dos veículos *Folha de S.Paulo*, *Financial Times* (FT, edição britânica) e *The Wall Street Journal* (WSJ, edição norte-americana).

4
O FMI DE JANEIRO DE 1997 A JUNHO DE 1999

Neste capítulo, os três principais acontecimentos ocorridos de janeiro de 1997 a junho de 1999, envolvendo os papéis de supervisão e regulação mundiais exercidos pelo FMI, são dados a conhecer segundo a maneira pela qual a própria instituição os descreveu e comentou em documentos, relatórios e entrevistas divulgados no período.

Dessa maneira, os contextos da crise asiática (segundo semestre de 1997), da moratória russa (agosto de 1998) e da desvalorização cambial brasileira (janeiro de 1999) serão abordados, além dos cenários que envolveram os pacotes de "socorro" coordenados pelo FMI e dirigidos a Tailândia, Indonésia, Coréia do Sul, Rússia e Brasil. Memorandos dos acordos realizados entre esses países e o Fundo também serão consultados para a descrição desenvolvida neste capítulo, porquanto esses documentos tenham sido referendados pelo FMI e também foram divulgados pela própria instituição.

O FMI e a crise asiática

Relatório do FMI divulgado em maio de 1997 (1997a, p.12) aponta a frágil situação da Tailândia, país que desencadeou o que mais tarde se tornaria conhecido como crise asiática:

A Tailândia viu uma significativa desaceleração no crescimento em 1996, principalmente como resultado de uma decepcionante *performance* nas exportações; preocupações com o grande déficit em conta corrente, assim como com fragilidades no sistema financeiro, têm permitido o aumento das pressões sobre o câmbio nos meses recentes.

No entanto, projeção do mesmo documento afirma a perspectiva de crescimento entre as economias asiáticas em desenvolvimento. "Crescimento sustentado em torno de 8% é esperado nos países em desenvolvimento da Ásia" (p.15).

Assim, realmente o FMI não havia prognosticado a crise. O Fundo afirmaria mais tarde que o episódio poderia ser considerado algo imprevisível, embora o contexto do qual a crise surgiu tivesse sido continuamente apontado pela instituição, conforme relatório divulgado em 1997 (1997c, p.40). Esse documento admite que

> embora o *staff* do FMI não tenha previsto a crise recente, e em retrospecto tenha sido muito otimista em suas projeções de base, edições recentes do *World Economic Outlook* alertaram sobre os riscos de mudanças disruptivas no sentimento do investidor em caso de não haver políticas ajustadas a fim de endereçar o superaquecimento e reduzir os desequilíbrios fiscais insustentáveis sobre o excessivo estreitamento dos prêmios de risco para mercados emergentes, e sobre os perigos associados com as fragilidades do setor financeiro.

No entanto, enfatiza o relatório, mesmo com os alarmes dirigidos à Ásia, pouco foi feito. Para o FMI, o imobilismo se deveu à inépcia dos governos da região. Isso porque

> quando as condições econômicas permanecem em geral boas e quando o capital estrangeiro privado flui para dentro em ritmo recorde e em termos muito atrativos, é fácil acreditar que os bons tempos vão continuar e que a resolução de desequilíbrios externos e deficiências estruturais subjacentes na economia e no sistema financeiro podem seguramente ser adiadas para um momento politicamente mais conveniente.

Segundo o documento do FMI, os repetidos ataques às moedas asiáticas, que levaram às desvalorizações cambiais na região, se deveram à percepção dos investidores sobre claras falhas de política econômica e fragilidades no sistema financeiro daquelas nações, como grandes déficits externos, bolhas nos mercados de ações e imóveis, e a manutenção por tempo exagerado de regimes de paridade cambial, além da disposição para o excessivo endividamento externo, freqüentemente em títulos de vencimento a curto prazo, bem como a desmedida exposição ao risco cambial e a falta de regulamentação da atividade bancária, que permitira a deterioração da qualidade das carteiras de empréstimos.

Mais tarde, a relutância dos países afetados em "apertar as condições monetárias" e "fechar instituições financeiras insolventes" contribuiu para aumentar a "turbulência" nos mercados financeiros. Empréstimos realizados por influência governamental e sem a regulamentação e transparência necessárias, especialmente na Coréia do Sul, também foram um fator que influenciou negativamente o sentimento dos investidores, levando-os a um "colapso da confiança" nos mercados do Sudeste Asiático.

Finalmente, um aspecto estrutural que diz respeito às economias "avançadas" é citado pelo relatório como um dos fatores que levaram à construção do cenário dentro do qual a crise asiática foi desencadeada. Trata-se do "fraco crescimento na Europa e no Japão", que passaram a oferecer menos oportunidades de remuneração ao capital financeiro. Este, então, dirigiu-se às economias emergentes, em uma "imprudente busca por rendimentos mais altos", e "sem a devida consideração aos riscos potenciais".

Inicialmente, as proporções do episódio foram estimadas segundo a tendência de considerar o fato como algo de efeitos limitados. Em uma coletiva de imprensa promovida pelo Fundo Monetário Internacional (IMF, 2002), em 18 de setembro de 1997, em Hong Kong, Michel Camdessus, então diretor-gerente do órgão, se mostrava otimista. "Em primeiro lugar, nós temos uma mensagem de confiança para esta parte do mundo", dizia:

> Enquanto vemos todos os países agora respondendo da maneira correta aos desafios desta crise, estamos confiantes de que, com muita

responsabilidade e solidariedade entre os membros desta comunidade, esta crise pode ser transformada em oportunidade para um maior crescimento e um maior crescimento de qualidade nesta parte do mundo.

...

Em segundo, nós estamos confiantes que, apesar da crise do Sudeste Asiático, o mundo segue na direção de vários anos de crescimento satisfatório.

Um jornalista presente à coletiva quis saber de Camdessus qual conselho o FMI daria aos governos asiáticos que precisavam "vender" ao seu povo a idéia de padrões de vida mais baixos como um sacrifício de curto prazo para lidar com eventuais crises bancárias domésticas. Novamente, a tônica do depoimento do burocrata é o otimismo:

> A *performance* da Tailândia era forte em termos de crescimento, em termos de exportações, em muitos domínios. Mas ela tinha uma vulnerabilidade. O déficit em conta corrente era muito alto e o endividamento de curto prazo era muito grande, e havia debilidades no setor financeiro. Estas tinham que ser corrigidas. Os governos devem explicar ao seu povo que agora a competição é por excelência, e este é o preço se os países querem tirar proveito de todas as maravilhosas possibilidades oferecidas pela globalização.

Cerca de um mês depois, em outubro de 1997, um relatório divulgado pelo FMI minimiza os efeitos da crise (1997b, p.1). Na verdade, nesse momento, o FMI ainda não falava em "crise" asiática. O ocorrido era considerado apenas uma "turbulência" nos mercados financeiros da região. No prognóstico do Fundo naquele momento, havia "tendência de crescimento robusto na maior parte do mundo em desenvolvimento, particularmente na China e em muito do resto da Ásia", afirmava o documento, "mesmo que alguns países provavelmente experimentem um recuo associado à recente turbulência nos mercados financeiros no Sudeste da Ásia".

De fato, não era atribuída muita relevância, ao menos para o crescimento mundial, ao episódio que sacudira a moeda tailandesa e desencadeara uma série de desvalorizações cambiais competitivas na região:

> Embora uma moderação do crescimento mundial é de fato provável de ocorrer em algum ponto, existem razões para acreditar que a atual expansão pode ser sustentada, possivelmente dentro da próxima década. Em primeiro lugar, há relativamente poucos sinais de tensões e desequilíbrios que geralmente têm pressagiado uma virada para baixo no ciclo de negócios.

Dessa forma, o relatório afirmava haver apenas "preocupações" quanto aos possíveis efeitos locais da crise, trazidas por "pressões" sofridas pelos mercados asiáticos (p.13):

> Na Ásia, apesar da impressionante *performance* do crescimento em anos recentes, vários países têm recentemente experienciado pressões nos mercados financeiros ligadas a preocupações em relação a grandes déficits externos; em muitos casos, moedas ligadas ao sobrevalorizado dólar dos E.U. têm agravado as tensões. As preocupações têm sido mais agudas na Tailândia, onde fragilidades no sistema bancário contribuíram para as preocupações do mercado. Depois de uma série de ataques ao *baht*, um regime cambial mais flexível foi introduzido no começo de julho e, desde então, tem ocorrido uma depreciação de mais de 30% em relação ao dólar dos E.U. ... Efeitos da crise foram sentidos em vários países da região, especialmente nas Filipinas, Indonésia e Malásia.

Essa descrição moderada seria abandonada rapidamente. Apenas dois meses mais tarde, o FMI divulgaria outro documento (1997c), a fim de complementar o relatório anterior, abrangendo novos fatos. Isto é, o inesperado agravamento da crise asiática motiva o Fundo a emitir outra avaliação do período, agora toda dedicada à questão. Esta é abertura do documento, de dezembro de 1997 (p.1):

> A crise econômica e financeira que irrompeu no Sudeste da Ásia em julho de 1997 tem continuado a se aprofundar e alargar desde que *World Economic Outlook* de outubro de 1997 foi escrito. Na medida que o sentimento do investidor em relação aos mercados emergentes tem se deteriorado, não só a crise se espalhou para várias economias na Ásia,

como seus efeitos têm sido sentidos através do sistema financeiro global.

A crise trouxe pressões descendentes sobre as moedas de países percebidos como vulneráveis – tipicamente aqueles países cujas posições competitivas têm se deteriorado como resultado de grandes depreciações no Sudeste da Ásia, aqueles que exibiam déficits em conta corrente potencialmente insustentáveis, e especialmente aqueles que confiaram pesadamente em empréstimos de curto prazo. Além disso, muitas economias de mercado emergentes têm testemunhado declínios agudos dos preços nos mercados de ações, em geral com menores reverberações experienciadas nos mercados de ações das economias avançadas. Grandes depreciações de taxas cambiais e, por sua vez, preços de ações em queda têm exposto e exacerbado as fragilidades do setor financeiro em muitos países, incluindo, mais recentemente, a Coréia.

O FMI admitia, afinal, a gravidade da situação. A repercussão da crise provara-se "mais profunda e mais extensa do que parecia apenas alguns meses atrás", segundo o documento. "As implicações econômicas também podem, agora, ser esperadas como mais sérias." Na perspectiva do Fundo então afirmada, muitas economias emergentes provavelmente iriam sofrer uma "diminuição da demanda doméstica", com "significativos declínios nas importações e reduções nos déficits externos".

Além disso, a redução do crescimento provavelmente iria afetar outras economias. "Entre as economias avançadas, o Japão será particularmente afetado, embora a América do Norte e a Europa também vão provavelmente experienciar uma depressão da demanda externa."

Considerando a crise da ótica possível em dezembro de 1997, o relatório (p.15) divide o episódio em quatro fases.

A primeira se estende de janeiro a abril de 1997 e é caracterizada por fatores já percebidos no ano anterior:

> Depois de episódios periódicos de ataques especulativos em 1996, o *baht* tailandês ficou sob novas pressões descendentes em janeiro último e no começo de fevereiro, na medida em que se intensificaram as preocupações sobre a sustentabilidade da fixação com o dólar dos E.U. diante

de um grande déficit em conta corrente, alta dívida estrangeira de curto prazo, o colapso de uma bolha de preços imobiliários e uma erosão da competitividade externa resultante em parte da contínua alta do dólar em relação ao *yen* japonês.

As respostas da Tailândia, segundo o documento, foram intervir no mercado de câmbio e aumentar a taxa de juros. Em vão, para o FMI:

> No entanto, as medidas tomadas foram vistas pelos mercados como inadequadas, talvez particularmente por sua falta de ação em endereçar as fragilidades no setor financeiro, e o preços das ações continuaram o agudo deslizamento que havia começado no começo de 1996.

A segunda fase vai, conforme o relatório (p.16), de maio a começo de julho de 1997. No período, as pressões contra o *baht* se agravam, enquanto a Tailândia eleva ainda mais as taxas de juros e amplia sua intervenção no mercado cambial. Assim, diante de grandes e contínuos fluxos de saída de capital, em 2 de julho, a Tailândia abandona a paridade cambial em relação ao dólar e permite ao *baht* flutuar:

> Após cair inicialmente cerca de 10 por cento, o *baht* continuou a enfraquecer-se nas semanas seguintes na medida em que as preocupações intensificaram-se com a incerta situação política e o atraso na adoção de um abrangente pacote econômico para dar suporte ao novo regime cambial e endereçar a fragilidade do sistema financeiro. A queda do *baht* imediatamente levantou dúvidas sobre a viabilidade dos arranjos das taxas cambiais nos países vizinhos.

A terceira fase abrange do começo de julho a meados de outubro de 1997. Ela é marcada, segundo o relatório do FMI (p.18), pelo processo de disseminação da crise através dos países da região, especialmente Filipinas, Malásia e Indonésia, que foram forçados a flutuar suas moedas, de maneira que, no meio de outubro, a queda cumulativa em relação ao dólar excedia 30% no caso da Indonésia e da Tailândia, e 20% para Malásia e Filipinas.

Nesse período, a espiral descendente se auto-alimenta, segundo o que se depreende do relatório, "refletindo preocupações em relação aos efeitos da depreciação do câmbio e de taxas de juros domésticas mais altas sobre companhias altamente endividadas e sobre balanços do setor financeiro". Além disso, havia dúvidas sobre o "compromisso das autoridades na implementação das políticas necessárias ao restabelecimento da estabilidade cambial". E, na perspectiva do FMI, a crise teria se agravado também porque o controle dos fluxos de saída de capital, ainda que algumas vezes apenas ameaçado, "pode ter servido para minar ainda mais a confiança do investidor".

A terceira fase também é caracterizada pelo alastramento dos efeitos da crise a outros países asiáticos, afetando os sistemas financeiros de Cingapura, Taiwan, Hong Kong, China e Coréia, segundo o relatório (p.19).

No entanto, nesse momento, as conseqüências para outras economias emergentes ainda são limitadas. "Alguns mercados emergentes de ações que tinham registrado ganhos muito fortes antes de julho – notavelmente, Brasil, Hungria e Rússia – sofreram moderadas correções descendentes ..." Para o restante do mundo, a crise significava pouco, conforme afirma o FMI: "No conjunto, os mercados financeiros globais permaneceram vigorosos, e os efeitos da pior crise do Sudeste da Ásia ainda estiveram encerrados dentro da região".

A quarta e última fase na perspectiva do documento em questão (p.19) abrange de meados de outubro a meados de dezembro de 1997. No período, há novas pressões sobre os mercados asiáticos, causadas por fatores como a "incerteza sobre apoio político e preocupações sobre a adequação das medidas de reestruturação do sistema financeiro na Tailândia", além de "preocupações com a ausência de medidas mais fortes para cortar o gasto em infra-estrutura apoiado pelo governo na Malásia". A situação piora para os emergentes. Rússia, Brasil, Argentina e México elevam suas taxas de juros.

Nesse contexto, a previsão para os emergentes se torna bastante negativa. Dados avaliados pelo FMI mostram uma "queda dos fluxos de capital para os países em desenvolvimento em todas as regiões, com novas emissões de bônus caindo para praticamente zero". A longo prazo, a perspectiva também não era animadora, segundo o relatório (p.21):

Olhando adiante, os próximos meses devem, provavelmente, ver os fluxos líquidos de capital para os países emergentes permanecerem em níveis significativamente mais baixos do que em 1996 e nos primeiros três quadrimestres de 1997, na medida que os investidores permanecem cautelosos e que os tomadores dos mercados emergentes adiam novas emissões diante do elevado custo do acesso aos mercados internacionais de capital.

Também nessa fase são sentidas pressões sobre os principais mercados mundiais. A crise, afinal, leva a uma "queda de 7% nos preços de ações nos E.U. em 27 de outubro, em meio aos íngremes declínios nos mercados de ações em todo o mundo nesse dia", de maneira que "os mercados financeiros globais permaneceram voláteis durante novembro".

A fim de administrar a crise asiática e conter seus efeitos, o FMI coordena pacotes de "socorro" com condicionalidades primeiramente à Tailândia, depois à Indonésia e, por último, à Coréia do Sul, conforme descrição retrospectiva publicada mais tarde pelo Fundo (1999a, p.8-13).

Para a Tailândia, o FMI aprova, em 20 de agosto de 1997, um pacote de US$ 4 bilhões, atado às condições postas por um acordo com três anos de duração. Outros US$ 2,7 bilhões foram colocados à disposição do país pelo Banco Mundial e pelo Banco de Desenvolvimento da Ásia, e mais US$ 10 bilhões foram prometidos pelo Japão e outros países da região. A permissão para a Tailândia sacar todos esses valores ficou sujeita à implementação das condicionalidades previstas pelo acordo com o Fundo e eventualmente alteradas nas sucessivas revisões das metas acertadas.

A Indonésia também recebeu o pacote com condicionalidades dentro de um acordo de três anos de duração com o FMI, que aprovou em 5 de novembro um valor de US$ 10 bilhões. Outros US$ 8 bilhões foram compromissados pelo Banco Mundial e pelo Banco de Desenvolvimento da Ásia, e mais US$ 18 bilhões foram prometidos por países da região.

No caso da Coréia do Sul, em 4 de dezembro de 1997, o FMI aprova um acordo de três anos que colocou à disposição do país US$ 21 bilhões. O Banco Mundial e o Banco de Desenvolvimento da Ásia ofereceram outros US$ 14 bilhões, enquanto países da região prometeram mais US$ 22 bilhões.

Relatório divulgado em maio de 1998 pelo FMI (1998e, p.6) enumera quatro fatores comuns aos três casos, caracterizando as condições que os países deveriam cumprir a fim de receber a ajuda.

Em primeiro lugar, a política monetária desses três países deveria ser "suficientemente firme para resistir à excessiva depreciação cambial" e às "suas conseqüências prejudiciais não somente para a inflação doméstica, mas também para os balanços de instituições financeiras domésticas e empresas não-financeiras com grande exposição em moeda estrangeira":

> A excessiva depreciação, ao enfraquecer a competitividade das moedas dos países parceiros e contribuir para gerar pressão descendente sobre elas, também adiciona o risco de uma espiral descendente de desvalorizações competitivas, o que não traz benefício a país algum e ocasiona instabilidade monetária para todos.

Em segundo lugar, o documento enfatiza a necessidade de os três países remediarem as fragilidades no setor financeiro, que "estão na raiz da crise asiática e requerem atenção particularmente urgente, incluindo uma agenda de reformas claramente anunciada em cada caso":

> Estas fragilidades surgiram como resultado de uma variedade de garantias governamentais explícitas ou implícitas que encorajaram excessiva exposição ao câmbio externo e a outros riscos por instituições financeiras e seus clientes, e contribuíram para empréstimos negligentes. (Estes problemas não estão confinados à Ásia; eles estão largamente espalhados globalmente.)

Assim, o relatório afirma que as instituições que demonstrassem alguma possibilidade de sobrevivência deveriam ser reestruturadas e recapitalizadas. No entanto, aquelas insolventes deveriam ser fechadas ou absorvidas pelas mais fortes, a fim de restabelecer a confiança. O FMI enfatiza que as operações de reestruturação conduzidas pelo setor público – e que, portanto, envolveriam o gasto do dinheiro do contribuinte – deveriam garantir que as perdas fossem "apropriadamente" distribuídas entre os proprietários de ações, de bônus e outros emprestadores.

Em terceiro lugar, eram essenciais o "aperfeiçoamento na *governança* pública e corporativa e o fortalecimento da transparência e da responsabilidade":

> As recentes dificuldades refletem em parte a extensa intervenção governamental e o muito comum favorecimento político, nepotismo e as frouxas práticas contábeis. Sinais fortes e unívocos das lideranças políticas de que tais práticas não serão mais toleradas, e a adoção de reformas apropriadas são decisivas para restabelecer a confiança.

Em quarto e último lugar estão as reformas das políticas fiscais, que precisam "contribuir para reduzir a dependência dos países à poupança externa e levar em conta os significativos custos da reestruturação e recapitalização dos sistemas bancários". Em um contexto de disciplina fiscal, os recursos terão de ser "realocados", abandonando "despesas públicas improdutivas" e dirigindo-se a gastos que ajudem a "minimizar os custos sociais da crise, incluindo o fortalecimento das redes de segurança social". As condições podem variar em cada país: "nos programas apoiados pelo FMI, as metas fiscais têm sido ajustadas na medida em que as circunstâncias têm se transformado, e têm sido reavaliadas", de maneira que se busca o equilíbrio entre a "necessidade de restabelecer a estabilidade macroeconômica (e dar novas garantias a investidores domésticos e estrangeiros nesse cálculo)" e a "necessidade de garantir que a demanda doméstica não é indevidamente comprimida".

O mesmo relatório oferece perspectivas negativas em relação aos três países "socorridos". "Os aperfeiçoamentos forçados em posi-

ções externas vão ajudar a compensar a queda na demanda doméstica, mas ainda se espera que a produção caia na Indonésia, Coréia e Tailândia em 1998."
O relatório divulgado pelo FMI em maio de 1998 (p.25) também aponta a perspectiva da redução do crescimento global como uma das conseqüências da crise asiática. "O impacto da crise asiática é o fato principal que contribui para a esperada redução do crescimento da economia mundial de cerca de 4% em 1997 para cerca de 3% em 1998."
Já nos documentos divulgados pelo FMI a partir do mês seguinte (junho de 1998), a Rússia começa a ganhar cada vez mais espaço. Naquele momento, a perspectiva em relação ao país é otimista. Mas essa ótica também seria rapidamente transformada, diante do contexto que levou a Rússia, ainda submetida a um acordo com o Fundo, a declarar a moratória de sua dívida externa, agravando o cenário desencadeado pela crise asiática. Esse é o assunto da próxima seção.

O FMI e a moratória russa

IMF Survey, publicação mensal da instituição, afirma em sua edição de junho de 1998 o sucesso das políticas com as quais a Rússia vinha conseguindo concluir a transição para o capitalismo. Conforme o documento afirma (p.173), "a direção e a equipe do FMI saúdam as declarações do governo russo sobre as medidas que está tomando para trazer a situação fiscal da Rússia sob controle".
A constatação pública do Fundo integra a sétima revisão quadrimestral do acordo fechado com o FMI em março de 1996, que colocou à disposição do país o total de US$ 10,1 bilhões. Naquele momento, a parcela a ser liberada era de US$ 670 milhões. A publicação explicava as causas do otimismo:

> Nós estamos com a confiança particularmente renovada pela ênfase colocada na implementação prática de políticas e pelo entendimento, do novo governo russo, da necessidade de clareza, coerência e continuidade da política governamental. Quando totalmente implementadas,

estas medidas permitiriam a redução do déficit do orçamento do governo federal para 5% do PIB de 1998 e o alcance do equilíbrio primário. Elas representam um ataque aos dois principais problemas que frustraram tentativas de consolidação fiscal no passado: fragilidades na arrecadação de impostos e obrigações assumidas pelo gasto governamental em um excesso além do que pode ser implementado.

No entanto, a Rússia também foi afetada pela crise de confiança semeada entre os investidores internacionais por conta da crise asiática, e também vinha apresentando dificuldades de fechar suas contas, levantando preocupações sobre a capacidade de honrar o serviço de sua dívida externa. Em 16 de julho de 1998, o governo russo emite memorando, publicado pelo FMI (1998a), em que expõe as políticas implantadas a fim de cumprir as condicionalidades impostas pelo entendimento com o Fundo. A introdução desse documento é clara sobre a situação do país naquele momento, posto que se trata de avaliação vinda do próprio país e dirigida ao próprio Fundo:

> Desde o ano passado, os mercados financeiros da Rússia têm estado turbulentos. Apesar das políticas de ajuste implementadas pelo novo governo desde que foi nomeado no começo deste ano, a confiança do mercado não tem sido restabelecida, e os fluxos de capital têm permanecido voláteis. Diante deste pano de fundo, o governo tem reconhecido a necessidade do fortalecimento adicional das políticas. A estratégia do governo em endereçar a presente emergência contém três elementos principais: (i) um aperto radical do orçamento federal, que pretende resolver de uma vez por todas os persistentes desequilíbrios fiscais; (ii) a sustentação das reservas internacionais do Banco Central da Rússia (BCR) através do acesso a substancial financiamento estrangeiro; e (iii) o alongamento dos vencimentos da dívida para reduzir a vulnerabilidade que surge da estrutura de curto prazo da dívida doméstica. Além disso, a atual emergência sublinha a necessidade de acelerar a reforma estrutural com ênfase na resolução dos problemas de não-pagamento que têm perseguido a Rússia desde 1992.

Nas palavras do memorando, a instabilidade financeira havia puxado para baixo as previsões para o crescimento da economia russa. De janeiro a maio de 1998, o PIB havia declinado 0,2%, e esperava-se um declínio no mesmo ritmo para o restante do ano – e algum impacto negativo ainda sobre 1999.

Naquele momento, não havia sustentação política para que o Executivo russo implementasse o que exigia o FMI. Outro memorando, divulgado cinco dias depois (20 de julho de 1998) e também publicado pelo FMI (1998b), informa que a Duma (parlamento russo) não aprovara duas medidas desejadas pelo Fundo. "Em relação ao imposto de renda sobre a pessoa física, a medida de expandir a base e transferir 20% do imposto para o governo federal foi rejeitada pela Duma na semana passada." A tentativa de aumentar o imposto sobre propriedades rurais também foi vetada pelo parlamento. Mas o governo fazia o possível para atender às exigências do programa acertado com o Fundo. "Ao invés, um decreto presidencial emitido aumenta em quatro vezes o imposto sobre terras, como acordado no programa (embora o decreto de fato permita um aumento de tarifa menor do que o originalmente imaginado para a propriedade urbana)", diz o documento.

Diante do compromisso da Rússia, o FMI anuncia no mesmo dia da liberação desse documento a aprovação de mais US$ 11,2 bilhões adicionais à disposição do país. No documento que anuncia a liberação do dinheiro, o FMI (1998c) ainda cobra das autoridades russas a aprovação de reformas no sistema previdenciário e mais agilidade no processo de constituição de um sistema bancário autônomo.

Ainda não tinha sido suficiente. Assim, apesar do empenho do Executivo russo em cumprir as condições do acordo com o FMI, e a despeito do otimismo demonstrado pelo Fundo em relação às medidas tomadas pela Rússia, o mercado financeiro russo continuou sob pressão, levando ao progressivo esgotamento das reservas cambiais do país. Em 17 de agosto de 1998, a Rússia anuncia a suspensão por 90 dias do serviço de sua dívida externa. Imediatamente, o FMI emite comunicado (1998d) para tornar pública sua perspectiva sobre a moratória e tentar conter a saída de capitais do país:

> Em 20 de julho o Conselho Executivo do FMI aprovou assistência financeira à Rússia de US$ 11,2 bilhões para apoiar o fortalecimento do

programa econômico da Rússia. A implementação deste programa tem sido satisfatória. Apesar disto, a confiança nos mercados financeiros não foi restabelecida e, como resultado, a Rússia continuou a perder reservas, e o preços dos ativos caíram vertiginosamente. Vendo os riscos implicados na persistência destas tendências, o governo russo anunciou um conjunto de medidas desenhadas para sustentar a confiança, incluindo uma mudança na política cambial, reestruturação da dívida do governo e uma restrição temporária dos pagamentos de capital fora do país.

Diante do novo quadro, esse posicionamento oficial do FMI menciona expressamente a necessidade de a Duma aprovar as medidas fiscais desejadas pelo Executivo russo. Além disso, o Fundo afirma a expectativa de que, de forma transparente, a Rússia abra negociações para a reestruturação de sua dívida. "As autoridades também devem não poupar esforços para achar uma solução cooperativa para seus problemas da dívida, e um diálogo próximo com os credores da Rússia", diz o documento do Fundo. "Em geral, é importante que a comunidade internacional como um todo, tanto os setores públicos quanto privados, mostrem solidariedade à Rússia neste momento difícil."

Na semana seguinte, a Rússia anuncia as condições para a reestruturação de suas obrigações externas. Conforme relatório do FMI divulgado posteriormente (1998e, p.20), o congelamento dos títulos soberanos e a subseqüente depreciação do rublo em mais de 60% nas duas últimas semanas de agosto causaram graves problemas de liquidez para o sistema bancário doméstico e paralisaram o sistema de pagamentos. "Os bancos domésticos tinham US$ 27 bilhões de títulos da dívida do governo (no valor da face) no momento da moratória, e muitos tinham emprestado do Exterior para financiar as aquisições."

A crise russa significou perdas excepcionais até mesmo para as economias dos países centrais. Conforme o relatório do FMI (p.47), "a turbulência financeira nos mercados maduros revelou-se desproporcional em relação aos acontecimentos que a desencadearam":

Os acontecimentos que cercaram a reestruturação unilateral da dívida russa levaram a grandes perdas para o investimento e o comércio e transformaram as percepções do mercado sobre o risco de moratória e conversibilidade, os quais juntos afetaram o equilíbrio entre risco e recompensa nos porta-fólios internacionais. Devido aos novos cálculos financeiros que emergiram, as instituições financeiras internacionalmente ativas e outros gestores de ações revelaram-se engajados em uma reavaliação e reprecificação em larga escala do risco financeiro, que foi acompanhada por um rebalanceamento e redução dos porta-fólios internacionais em um curto período de tempo, marcado pela aversão ao risco, iliquidez do mercado e extremos movimentos de preços.

Como resultado, e contrariamente ao que normalmente se esperaria, os mercados maduros subseqüentemente experimentaram ajustes dramáticos, e em alguns casos sem precedentes, de preços e liquidez que atravessaram ações maduras, renda fixa, câmbio e mercados derivativos e levaram alguns deles a tornar-se ilíquidos, e às vezes serem interrompidos temporariamente; os *spreads* de liquidez atingiram altas recordes.
...

O impacto negativo sobre os valores das ações durante o período mais turbulento – entre meados de setembro e meados de outubro – foi suficientemente severo para desencadear temores em relação a significativos efeitos negativos em espiral sobre o crescimento da economia mundial.

A natureza severa da turbulência nos mercados maduros levanta várias questões sobre risco privado e gestão de porta-fólio, supervisão bancária, supervisão do mercado financeiro, gerenciamento de risco sistêmico e operação do sistema financeiro internacional.

A preocupação com o elevado endividamento externo intensificou-se no Brasil após a moratória russa. "A turbulência no mercado financeiro que se seguiu à reestruturação da dívida russa levou a uma aguda deterioração dos termos e das condições sob as quais muitas economias de mercado emergentes poderiam acessar os mercados financeiros globais", diz o documento (p.21). Nesse momento, o governo brasileiro sentiu pressões ampliadas sobre sua moeda e iniciou negociações com o FMI para obter novo empréstimo. Esse desenlace é descrito a seguir.

O FMI e a desvalorização cambial brasileira

Menos de um mês depois de declarada a interrupção do serviço da dívida na Rússia, o governo brasileiro anuncia o começo da formulação de um plano de metas para o esforço fiscal que pretendia pôr em prática. Assim, já em 8 de setembro de 1998, conforme a avaliação retrospectiva de Pedro Malan, então ministro da Fazenda, expressa durante entrevista coletiva em 13 de novembro, quando foi anunciado o novo acordo com o FMI (Ministério da Fazenda, 2001a), o governo passou a definir o que em 28 de outubro foi divulgado como Programa de Estabilidade Fiscal.

Para Malan, com a crise da dívida russa,

> ficou progressivamente mais claro, tanto ao mundo desenvolvido quanto ao mundo em desenvolvimento, que ... estamos lidando com um problema de caráter mais sistêmico e que afetava o funcionamento do sistema financeiro internacional.

O governo brasileiro caracterizou publicamente o programa como indicador de que o Brasil faria o esforço necessário para afastar a possibilidade de moratória. Em contrapartida, o FMI e outras instituições multilaterais, além de países ricos, apoiaram um novo acordo com o Brasil, envolvendo grandes somas:

> Essa é a contribuição do Fundo Monetário Internacional, pouco mais de 18 bilhões de dólares norte-americanos. Além disso, nós temos mais 9 bilhões, 4,5 de cada um, do Banco Mundial e do Banco Interamericano de Desenvolvimento, e além disso há uma cooperação de um número extremamente expressivo de países, praticamente todos os países da União Européia, tal como constituída hoje, mais os Estados Unidos, Japão e Canadá, e deve chegar ao valor aproximado de 14,5 bilhões de reais. A soma dessas contribuições é superior a 41 bilhões de dólares, dos quais cerca de 37 bilhões poderão, se necessário, eu queria lembrar o caráter contingente e preventivo desta operação, estar disponibilizados nos próximos doze meses, volto a insistir, se for necessário fazê-lo.

A exemplo do Executivo russo, Malan também precisou afirmar que seria capaz de convencer seu Legislativo a aprovar medidas fiscais:

Eu gostaria de lembrar a todos o papel absolutamente essencial que, assim como no final do ano passado, na superação da turbulência asiática de outubro/novembro de 97, o papel absolutamente crucial que o Congresso Nacional vem tendo, tem, e, estou seguro, terá, quero aqui expressar minha confiança, eu estive lá inúmeras vezes, tenho conversado eu, o secretário-executivo, Pedro Parente, com números expressivos de parlamentares das mais diferentes bancadas, e eu queria expressar a minha confiança de que o Congresso Nacional saberá se erguer à altura dos desafios do momento presente, já o demonstrou no passado.

A exposição de motivos dirigida pelo Ministério da Fazenda à Presidência da República em 7 de dezembro de 1998 para justificar o novo acordo ligava as crises asiática e russa às dificuldades pelas quais o Brasil passava naquele momento e que, afinal, obrigavam-no a requerer novo empréstimo ao FMI (Ministério da Fazenda, 2001b):

> Como é de conhecimento de Vossa Excelência, a eclosão da crise asiática, em meados do ano passado, desencadeou turbulências recorrentes no mercado financeiro. Desde então, vários países do Sudeste Asiático sofreram desvalorizações expressivas de suas moedas.
> ...
> Os reflexos da situação no Sudeste Asiático alcançaram o Brasil em outubro do ano passado, quando, por algumas semanas, após o ataque especulativo contra a moeda de Hong Kong, a crise alastrou-se pelo mundo, atingindo até mesmo os mercados financeiros dos países desenvolvidos. As bolsas européias e norte-americanas registraram então quedas expressivas e os demais países emergentes, entre eles o Brasil, sofreram perdas abruptas em suas reservas internacionais.
> ...
> Em meados de maio passado, os temores de nova generalização da crise financeira agravaram-se em virtude da rápida deterioração da situação na Rússia. ... A Rússia optou por decretar uma moratória unilateral, impondo pesadas perdas a seus credores internos e externos. No plano internacional, a moratória russa espalhou pânico por todos os mercados financeiros.

Naquele momento, o Ministério da Fazenda citou o acerto da política econômica brasileira como um fator que teria protegido o país de efeitos mais graves:

> Em contraste com o Brasil, os países que, por uma razão ou outra, optaram por desvalorizar suas moedas encontram-se hoje em meio a intensa retração da atividade econômica, fragilização dos seus sistemas políticos e agravamento do quadro social. A situação vivida por esses países confirma a importância de não alterar o rumo da política econômica, mesmo nos momentos mais conturbados. Demonstra sobretudo quão crucial é não enveredar por caminhos incompatíveis com a estabilidade monetária e a manutenção das relações contratuais.

No *Memorando técnico de entendimentos*, divulgado conjuntamente pelo Brasil e pelo FMI em 8 de novembro de 1998 (Ministério da Fazenda, 2001c), estão expressas as condicionalidades decorrentes do novo acordo com o Fundo, em relação a metas de desempenho em áreas como superávit fiscal, estoque de dívida externa, garantias para os débitos e piso para reservas cambiais, além dos instrumentos fiscais que o governo pretendia utilizar para cumpri-las, como aumento da alíquota da CPMF e do recolhimento compulsório sobre os depósitos à vista.

A projeção oferecida por relatório divulgado pelo FMI em dezembro de 1998 (1998e, p.4) reconhece que as perspectivas econômicas para a Rússia, o Brasil e as economias do Sudeste Asiático tinham "deteriorado-se". O documento assinala aspectos em que havia preocupações sobre riscos que poderiam afetar o crescimento mundial. Um deles diz respeito ao Brasil e, de certa forma, antecipa a saída que seria adotada pelo país para enfrentar as pressões sobre sua moeda, isto é, a desvalorização do real:

> Alguns mercados de países emergentes terão dificuldades que permanecem em curso sobre suas obrigações externas se o financiamento externo não se recuperar dos níveis muito baixos dos fluxos de entrada de capital observados desde agosto. ... Isto implicaria em grandes ajustes comerciais pelos mercados de países emergentes, através do menor crescimento da demanda doméstica, depreciações cambiais, ou os dois.

Outro efeito nocivo para a vitalidade da economia global relacionava-se às relações comerciais:

> Os grandes ajustes comerciais resultantes da crise asiática também poderiam levar ao ressurgimento de pressões protecionistas, com repercussões negativas para o crescimento mundial. A forte recuperação dos mercados de ações em alguns países, especialmente os Estados Unidos, seguida pelo recente período de turbulência no mercado, trouxe novamente os preços das ações para um nível que pode não ser sustentável, especialmente se os rendimentos corporativos futuros desapontarem os investidores financeiros ou se a inflação e as taxas de juros subirem.

Expostos os traços conjunturais do período, esse relatório do FMI afinal aponta a perspectiva de recessão que mais tarde iria tornar-se realidade:

> A aguda deterioração do balanço de investimentos provenientes da poupança do setor privado nos anos recentes, em sua atual incomum posição deficitária, pode em parte ser atribuída aos efeitos positivos da prosperidade resultante do *boom* do mercado de ações sobre o gasto do consumidor. Isto sublinha o potencial de uma correção no mercado de ações levar a um aumento da poupança que, embora desejável e necessário em uma perspectiva de médio prazo, poderia no curto prazo enfraquecer apreciavelmente a demanda, a atividade e a confiança.

Assim, afirma o relatório:

> a materialização destes riscos, mesmo que em uma escala relativamente moderada, poderia facilmente cortar o crescimento mundial em mais um ponto percentual em 1999 – e estender o que efetivamente se tornaria uma recessão global dentro de pelo menos 2000.

Iniciado o entendimento com o FMI já em setembro de 1998, somente em novembro, após a divulgação do resultado das eleições presidenciais brasileiras, o Brasil concluiria o novo acordo. A Carta de Intenções do Governo Brasileiro, documento divulgado em novembro daquele ano (1998f), confirma a vulnerabilidade da economia do país diante das crises asiática e russa, e discute as medidas tomadas até então para conter o problema:

Com a dramática piora do ambiente financeiro internacional e a difusão, para outras economias emergentes, da crise asiática no último quarto de 1997, o real ficou sob significativa pressão. O banco central respondeu imediatamente dobrando sua taxa básica de juros para 43,5%, e o governo ordenou um pacote de medidas para o aumento de receitas e cortes orçamentários equivalente a cerca de 2,5% do PIB.

...
A conta de capitais ficou novamente sob séria pressão em agosto de 1998, na esteira da crise na Rússia. A resposta inicial do governo foi adotar um conjunto de medidas administrativas e fiscais para relaxar os controles existentes sobre os fluxos de entrada de capital. O governo, então, apertou sua postura de política fiscal ordenando cortes nos gastos do orçamento federal equivalentes a 1,5% do PIB do quarto quadrimestre, um corte adicional equivalente a 0,3% do PIB do quarto quadrimestre nas despesas autorizadas das empresas federais, uma redução no desembolso dos empréstimos dos bancos federais para Estados e municípios, a adoção de uma meta apertada para o superávit primário do governo federal, e a criação de um comitê interministerial de alto nível responsável, entre outras coisas, por garantir a obtenção desta meta. Este ajuste fiscal foi complementado por sucessivas elevações das taxas de juros do banco central e na taxa de juros *overnight*, que atingiu 42,5% em outubro último.

Ao mesmo tempo, a Carta de Intenções informa como o governo pretendia reverter a escalada dos juros. Um novo programa de ajuste fiscal colocava como meta para 1999 um superávit de 2,6% do PIB, "a fim de promover a confiança e facilitar uma redução sustentada nas taxas de juros". As metas para os próximos anos, conforme o documento, eram ainda mais severas. "Este superávit está dirigido a crescer ainda para 2,8% do PIB em 2000 e para 3% em 2001." A Carta também explicita minuciosamente os instrumentos com os quais o país pretendia alcançar tais metas, enumerando quais impostos seriam elevados, de que maneira a reforma do sistema de previdência poderia contribuir para a busca dos objetivos propostos, como Estados e municípios fariam sua parte etc.

No momento, segundo o documento, as obrigações externas do Brasil eram consideradas sob controle. "A dívida externa brasileira não é muito alta em relação ao PIB (29%), e seu vencimento médio é relativamente longo." Assim, o Brasil seguiria até janeiro de 1999 com a política de valorização do real e com o simultâneo esvaziamento das reservas cambiais brasileiras, empenhadas em manter a paridade entre o real e o dólar. Embora os recursos obtidos pelo acordo com o FMI tivessem a finalidade de suportar as reservas cambiais, a pressão sobre o real levaria ao fim essa estratégia monetária brasileira, o que ocorreu no dia 18 de janeiro. Comunicado divulgado em conjunto pelo governo brasileiro e pelo FMI informa que o Brasil decidira liberar a moeda para flutuação, e apresenta ao mercado o objetivo do fim da âncora cambial, que mantinha a moeda do país sobrevalorizada (IMF, 1999b):

> O Banco Central emitiu esta manhã um comunicado anunciando que a taxa de câmbio agora será determinada pelas forças de mercado. A política monetária vai estar orientada a preservar a inflação baixa atingida sob o Real e, no curto prazo, vai responder imediatamente aos movimentos significativos da taxa de câmbio. As intervenções do Banco Central nos mercados de câmbio estrangeiros serão ocasionais, limitadas, e desenhadas para conter condições de mercado desordenadas.

No mesmo documento, o governo brasileiro sinaliza os continuados esforços do país em relação ao ajuste fiscal:

> Consolidação fiscal é, antes de tudo, nossa primeira prioridade, com a qual o governo brasileiro permanece totalmente comprometido. Não serão poupados esforços para reduzir o déficit fiscal em todos os níveis do governo e produzir os resultados fiscais anunciados para 1999-2001 no Programa de Estabilidade Fiscal. Medidas adicionais serão adotadas, na medida que forem apropriadas, para lidar com o impacto fiscal da desvalorização da taxa de câmbio. O Governo Federal está reforçando os entendimentos com os Estados Brasileiros e já ativou as garantias contidas naqueles entendimentos, na medida que for adequado.

O FMI SOB ATAQUE   97

E, em troca do apoio esperado, o documento enfatiza o compromisso do governo brasileiro com a adoção das medidas esperadas pelo FMI e com o imperativo de submeter a política nacional à supervisão do Fundo:

O presidente Cardoso vai presidir uma reunião do Conselho Nacional de Privatização (CND) hoje a fim de acelerar o programa de privatização, especialmente nas áreas de eletricidade, abastecimento de água e saneamento.

O Brasil vai intensificar seu diálogo com todos que têm dado suporte ao Programa de Estabilização Brasileiro: o Fundo, o Banco Mundial, o IBD, o BIS, e governos que têm fornecido suporte bilateral direto. As autoridades brasileiras vão estabelecer novos e mais intensos procedimentos de consulta contínua com a direção e a equipe do Fundo, incluindo a abertura, já proposta, de um escritório representativo do FMI residente em Brasília e, em um futuro próximo, similar àquele para o Banco Mundial, o IBD e outras organizações internacionais.

Considerando a desvalorização do real dentro da ótica possível em maio de 1999, um relatório do FMI (IMF, 1999c) caracteriza o episódio como "crise brasileira" e o alinha entre os acontecimentos que trouxeram instabilidade aos mercados financeiros globais desde meados de 1997, ao lado das crises asiática e russa.

Em uma perspectiva que afinal considera os três momentos que comprometeram o equilíbrio dos mercados financeiros (Ásia, Rússia e Brasil) nos quatro anos anteriores, o documento do FMI (p.1) analisa a dimensão da redução do crescimento da economia global. "O atual enfraquecimento do crescimento da economia mundial marca a quarta redução econômica do último quarto de século."

O relatório (p.6) aponta direções que, de fato, mais tarde iriam materializar-se: afirma que o quadro recessivo poderia agravar-se diante de fatores como a dificuldade de os países emergentes, então afetados pelas três crises, atraírem capitais. Esse traço realmente passou a marcar, posteriormente, as chances de desenvolvimento das economias emergentes. Além disso, o documento sinaliza que o crescimento da economia norte-americana poderia ser comprometido por uma correção no mercado acionário, o que acabou mesmo ocorrendo a partir de março de 2000, em um movimento liderado pelas ações das empresas do setor tecnológico.

No caso das economias latino-americanas, inclusive, o relatório associa a crise brasileira como fator determinante para o desenho de projeções negativas, já esboçadas desde 1998:

Muitos países da América Latina experienciaram aguda redução econômica durante a segunda metade de 1998, como resultado do declínio dos fluxos de capital privado e da fragilidade dos preços das exportações de *commodities*. O Brasil ter abandonado seu abatido arranjo de taxa cambial em meados de janeiro, com as conseqüências associadas, adicionou desafios ao ajuste que a região encara. Um declínio de 0,5 a 1% é agora projetado para o grupo dos países em desenvolvimento do hemisfério ocidental – a piora mais significativa entre todas as regiões desde a Avaliação Periódica do Panorama Econômico Mundial de dezembro de 1998 – e há um considerável risco de uma contração mais severa.

Finalmente, vale verificar as razões apresentadas pelo relatório para explicar porque o Brasil não foi capaz de sustentar sua taxa cambial. O documento (p.8) diz que as pressões que forçaram o país a abandonar o câmbio fixo vieram principalmente de "dúvidas crescentes sobre a viabilidade política do ajuste econômico" proposto pelo programa posto em prática desde novembro de 1998, com apoio financeiro internacional e selado pelo acordo com o FMI. Além disso, as dúvidas foram acompanhadas pelo medo de que a política monetária não conseguisse parar a contínua saída de capitais – e alimentadas pela resistência do Legislativo brasileiro ao programa fiscal e pela ameaça da moratória da dívida de Estados brasileiros com o governo federal.

As conseqüências do fim da paridade entre dólar e real também são informadas pelo documento (p.8): "Seguindo o abandono da âncora cambial, o real depreciou-se a um nível no começo de março [de 1999] que era mais de 40% abaixo de seu valor no fim de 1998 em termos do dólar dos E.U., com contínuas saídas de capital, se bem que em um ritmo menor". Como conseqüência, o país experienciaria recessão: diminuição da atividade econômica e do consumo.

Parte II

O FMI sob ataque

5
OS CONFLITOS E SUA EXPRESSÃO MIDIÁTICA

Seria razoável supor que aqueles que defendem o Fundo Monetário Internacional nos países por ele mais favorecidos apresentassem argumentos para destacar as vantagens que o órgão pode trazer para todos os seus membros, dada sua multilateralidade. No entanto, supreendentemente, isso não ocorre. Ao menos no cenário construído por meios de comunicação de alcance e influência globais, é afirmada com naturalidade a atuação sectária de um FMI comprometido com a defesa dos interesses dos países que são seus maiores cotistas entre as nações emergentes tomadoras de seu dinheiro.

Robert Chote, articulista do *Financial Times*, deixa isso claro[1] a propósito da discussão dos motivos pelos quais Michel Camdessus, diretor-gerente do Fundo Monetário Internacional (FMI) durante a crise asiática, não deixou de merecer confiança, a despeito da extremamente criticada *performance* da instituição naquele episódio de crise financeira global.

---

1 CHAMPION OF ECONOMIC ORDER: As the IMF Managing Director Begins his Third Term of Office, he Discusses the Outlook for the Global Economy with Robert Chote. *Financial Times*, 9 jan. 1997. Opinião.

Camdessus, segundo Chote, mostrara o desempenho necessário para ser conduzido ao terceiro mandato à frente da instituição, chamada pelo jornalista de "cão de guarda da economia mundial". O novo mandato tinha uma promessa: fortalecer o FMI. Assim, quando Camdessus procurou convencer os membros da instituição a aumentar substancialmente suas cotas de participação no Fundo, elevando em mais de 50% os US$ 210 bilhões então disponíveis, o Congresso dos Estados Unidos inicialmente relutou em endossar a medida. Chote tratou de criar um contexto desfavorável em seu país aos argumentos dos congressistas norte-americanos, compondo um cenário especial para destacar as qualidades de Camdessus: "... a década passada consolidou sua reputação como negociador habilidoso e operador político prudente, conquistando para ele um terceiro turno sem precedentes, dirigindo o cão de guarda da economia mundial", destaca o jornalista.

Ele diz que a maioria dos países é favorável a aumentar o total de US$ 210 bilhões para significativamente mais de 50%. Mas o maior cotista do Fundo – os EUA – está relutante em conceder um grande aumento da cota e a administração de qualquer forma duvida se o Congresso cederia.

Chote avisa que Camdessus precisaria de todo o seu charme e artimanha para vencer esse *round*. E, na verdade, segundo o jornalista, a própria performance do Fundo já dava argumentos para Camdessus ganhar a parada. O jornalista cita uma frase, do diretor-gerente do FMI, clara a esse respeito: "Nós servimos aos objetivos básicos da economia dos Estados Unidos: nós servimos à abertura comercial, ao crescimento econômico e contribuímos para a estabilidade onde os Estados Unidos tenham interesses decisivos, sistêmicos ou estratégicos", reconhece Camdessus.

"Mas a que custo?", questiona o burocrata (citado pelo jornalista), que completa: manter as funções do FMI assim delineadas não pode resultar em custos para o contribuinte norte-americano, britânico ou francês. Assim, diz Camdessus, a tarefa de ampliar as reservas do Fundo pode ser cumprida apenas com uma troca de ativos entre os bancos centrais desses países. E o burocrata ainda ironiza: "Qual parlamento não compraria tal serviço a um preço tão baixo?".

Chote afirma com naturalidade a atuação do FMI em prol dos interesses dos Estados Unidos, enaltecendo que assim o seja. Na perspectiva delineada pelo jornalista, o Fundo serve à manutenção das vantagens norte-americanas em quaisquer locais onde os Estados Unidos tenham "interesses decisivos, sistêmicos ou estratégicos". E o custo dessa atuação, assim dirigida, não recai sobre o contribuinte norte-americano, britânico ou francês. Subjaz, aqui, a noção de que Grã-Bretanha e França também são beneficiadas por um FMI de contornos bastante específicos, isto é, uma instituição que cumpre papel estratégico na preservação de interesses norte-americanos onde for conveniente.

No quadro desenhado por Chote, o FMI revela-se como veículo dos interesses dos Estados Unidos na economia mundial. França e Grã-Bretanha extraem benefícios desse arranjo.

As vantagens mútuas se justificam. Conforme tratado no Capítulo 3, um traço importante da hegemonia norte-americana, tal como hoje ela é exercida, está na capacidade de os Estados Unidos "enquadrarem" parceiros e adversários. Isto é, a liderança dos Estados Unidos significa a manutenção de certa estabilidade dentro da qual os interesses dos parceiros podem ser perseguidos de forma minimamente organizada, capaz de reduzir ao menos circunstancialmente as pressões resultantes da competição intercapitalista por mercados e capitais.

Dessa forma, é a cooperação entre nações e agentes capitalistas que permite o processo de expansão da economia. O crescimento é favorecido por uma concentração de poder na medida suficiente para cessar ou pelo menos reduzir a competição intercapitalista. Nessa perspectiva, a luta entre Estados capitalistas por mercados e capitais pode dificultar o crescimento econômico, se ocorrer de forma excessiva ou desordenada, conforme sublinha Arrighi (1996, p.12).

A estabilidade proporcionada pelos Estados Unidos significa, assim, mais possibilidades de obtenção de vantagens para o próprio país e para os seus parceiros na exploração dos mercados consumidores e dos recursos globais.

É possível afirmar que o FMI atua na intermediação dos interesses desses países. A liberação dos empréstimos concedidos pela instituição é condicionada ao cumprimento de certas exigências, o que pode incluir a realização de reformas estruturais por parte dos tomadores de dinheiro. Essas reformas muitas vezes incluem justamente a abertura de mercados, favorecendo o investimento produtivo e o aumento dos juros, o que traz vantagens para o capital financeiro.

De fato, a intermediação de interesses operada pelo FMI é vantajosa para os países ricos, ao menos na perspectiva do *Financial Times*. O jornal britânico, como veículo de influência sobre a formação da esfera pública, expõe com uma clareza e uma naturalidade surpreendentes que os interesses dos Estados Unidos são defendidos pelo FMI. Ao mesmo tempo, está implícita a idéia de que a Grã-Bretanha também se beneficia desse arranjo, pelo menos enquanto for "enquadrada" pela hegemonia norte-americana.

Nesse contexto, pode-se dizer que Chote cumpre o exato papel de contribuir para a formação de uma esfera pública favorável à atuação do FMI. Exaltar as vantagens, para o Reino Unido, de o Fundo defender os interesses norte-americanos, parece ser uma contribuição à necessária tarefa de criar e manter um quadro de opinião pública propenso a defender a legitimidade da instituição.

Além disso, no contexto posto pelo jornalista, o FMI assume o papel de "cão de guarda" da economia mundial. Vale esmiuçar o significado dessa proposição, de resto bastante freqüente nos textos tomados aqui, como se verá adiante.

Ora, o sentido de afirmar a função de "cão de guarda" do FMI está relacionado com a exigência de o Fundo apresentar-se como instituição fora e acima de influências exercidas por interesses particulares. Isto é, embora, segundo o texto, o FMI sirva aos interesses "estratégicos" dos Estados Unidos, o órgão deve ser colocado numa zona livre de influências particulares, e sua atuação precisa ser alçada a uma esfera de condução objetiva da economia global, isenta e, por que não, universalmente justa. Curiosa e contraditoriamente, a exigência de transmitir a idéia de um FMI neutro coexiste, num mesmo texto jornalístico de opinião, com o reconhecimento voluntário do caráter sectário da instituição.

Dessa forma, o texto dissimula o conflito que se instaura entre duas posições: uma que percebe o Fundo como entidade especialmente submetida a interesses particulares, e outra que a vê como instituição supra-estatal, isenta e objetiva, como "cão de guarda" da economia mundial. No perfil criado a fim de influenciar de maneira específica a formação da esfera pública, a contradição desaparece para dar lugar à crença de que a atuação objetiva do FMI *significa* a defesa dos interesses dos Estados Unidos na economia mundial, aliados à Grã-Bretanha na missão de pôr o Fundo à sua disposição.

Naturalmente, faz sentido que um quadro como esse seja construído somente por relações específicas de poder simbólico, exercido afinal por um jornal como o britânico *Financial Times*. Isto é, o caráter servil da performance do Fundo somente pode parecer correto para quem é beneficiado por tal atuação. Ora, na verdade, parecer correto não é suficiente; é preciso parecer justo. Daí a caracterização do "cão de guarda", sempre à mão quando se precisa apresentar o FMI como instituição neutra.

Assim, não surpreende que, quando o FMI comandou a montagem de um pacote de US$ 16 bilhões para socorrer a Tailândia, país que deflagrou a crise asiática, essa liderança tenha sido vista pelo *Financial Times* como imprescindível.

Em editorial,[2] o veículo questionou as possibilidades de sucesso do acordo. Diante da hesitação do Japão em ocupar o posto de líder no episódio, a atuação do FMI, apoiado pelos Estados Unidos, é vista como determinante para garantir que a Tailândia gastasse o dinheiro da maneira esperada pelos parceiros. O FMI é colocado pelo veículo como instituição apta a intermediar o acordo de maneira a preservar o poder necessário para forçar a Tailândia a cumprir as condicionalidades acordadas:

---

2 SAVING THAILAND. *Financial Times*, 12 ago. 1997. Editorial.

Não é suficiente que os governos asiáticos escondam-se atrás do FMI como policial. Quando países estão pondo bilhões de dólares em risco, eles devem conservar o direito de impor condições, e devem trabalhar com o FMI para garantir o que combinaram.

O jornal, afinal, aponta que o FMI é a instituição mais adequada à intermediação do acordo porque ele age como um "policial", ou seja, em nome de um interesse supostamente independente. A necessidade de um órgão assim constituído também é explicitada, uma vez que os riscos são grandes:

> Há uma perturbadora ausência de claridade sobre como vai ser realmente utilizado o fundo de resgate de US$ 16 bilhões para a Tailândia. Executivos de Bangoc já estão lutando por sua parte. Sem mais transparência, o dinheiro poderia facilmente ser engolido por interesses ocultos e corruptos.

Isto é, o editorialista questiona a destinação dos bilhões de ajuda à Tailândia e sustenta que o país deverá usar esse dinheiro para conduzir as reformas necessárias em sua economia. O jornal incita os governos asiáticos a manterem a devida vigilância sobre a economia tailandesa. Não basta que os países que estão participando do pacote apenas se escondam atrás do FMI como policial; é necessária uma intervenção mais ativa.

A imagem de cão de guarda atribuída ao Fundo é valiosa; como agência multilateral, o FMI pode fazer exigências com certa neutralidade. Pode promover interesses particulares, revestidos pela objetividade conferida por sua suposta autonomia. O economista Paulo Batista Nogueira Júnior[3] aponta essa peculiaridade do Fundo, afinal reconhecida pela burocracia da instituição como importante vantagem, largamente utilizada como maneira de fazer valerem determinados interesses sob um véu de neutralidade que, se descoberto, poderia inviabilizar os objetivos implícitos em uma política sustentada pelo Fundo.

---

3 NOGUEIRA JR., Paulo Batista. FMI como fachada. *Folha de S.Paulo*, São Paulo, 7 jan. 1999.

Esse autor cita texto de David Hale,[4] então consultor do Departamento de Defesa do governo dos Estados Unidos. Hale observa que, "embora o Fundo permaneça sob pesada influência dos Estados Unidos e de outros países do G-7, ele ainda oferece uma aparência de autonomia que torna as suas propostas politicamente mais aceitáveis para os tomadores de empréstimos".

Essa imagem de suposta neutralidade do FMI, com a qual a instituição se tornaria capaz de impor políticas que não seriam aceitas se reveladas como de interesse de nações específicas, aparece com freqüência no *Financial Times*.

O colunista Gillian Tett também a utiliza em artigo[5] que discute a crescente liderança regional exercida pelo Japão. Esse autor diz que o responsável pelas finanças em assuntos internacionais do país, Eisuke Sakakibara, havia pressionado a instituição para que ela assumisse a responsabilidade pelo pacote de ajuda à Tailândia.

O Japão, sustenta Tett, embora tivesse sido o principal organizador desse pacote, abdicara do posto de líder no arranjo regional que o proveu, transferindo para o FMI a responsabilidade pelas negociações. "O Japão preferiu esconder seus próprios esforços de coordenação atrás do Fundo", aponta o jornalista.

As vantagens de a instituição exercer essa função estavam claras. Sakakibara, argumenta o colunista do FT, acreditava que o papel do FMI seria crucial: "é a única instituição capaz de impor disciplina fiscal a um país". Além disso, "desfruta de uma vantagem crucial da qual o Japão não goza: é um ator neutro".

Além disso, apostar no FMI como fachada permitira ao Japão, segundo o burocrata citado por Tett, exercer liderança sem assumir o ônus político dessa responsabilidade. "O Japão está preparado para atuar em um importante papel, condizente com sua dimensão

---

4 HALE, David D. The IMF: Now More than Ever. *Foreign Affairs*, nov./dez. 1998.
5 MR. YEN'S DELICATE DILEMMA: Gillian Tett Talks to Japan's Vice-minister of Finance for International Affairs. *Financial Times*, 26 ago. 1997. Opinião.

econômica", diz Sakakibara, em declaração reproduzida pelo jornalista. "Mas não estamos preparados para ser um Big Brother na região. Não podemos ser como os Estados Unidos na América Latina." Outro editorial do FT[6] segue raciocínio semelhante. A semelhança de perspectivas apresentadas em textos opinativos distintos ilustra, de um lado, a medida da relevância que o tema assume para o corpo editorial do jornal, e de outro, a medida da urgência com que o meio de comunicação se dirige a influenciar a esfera pública segundo sua ótica.

O editorialista elogia a decisão de Sakakibara de deixar para o FMI a direção do socorro à Tailândia:

> Entre as questões levantadas pela crise cambial asiática, estava a de quem deveria coordenar a reação. Em especial, como a responsabilidade deveria ser dividida entre atores globais e regionais, e como o Japão deveria se alinhar? A essas questões o sr. Eisuke Sakakibara, vice-ministro japonês das finanças para assuntos internacionais recém-empossado, dá respostas sensíveis.
>
> Seu país tem sido relutante em assumir o papel de liderança que, para o bem e para o mal, vem de forma tão natural para os Estados Unidos dentro das Américas. A prolongada herança da Segunda Guerra Mundial, o desconforto que Tóquio sente por estar no centro da cena e as rivalidades em progresso na região inibem suas ações. Mesmo assim, sejam quais forem as razões para o Japão decidir trabalhar junto ao Fundo Monetário Internacional na montagem de um pacote de empréstimo de US$ 16 bilhões, ele estava certo ao agir assim. Somente o FMI tem a *expertise*. Além disso, como o sr. Sakakibara diz, um FMI neutro pode, sozinho, impor disciplina fiscal.

O FT enfoca justamente a capacidade de o FMI prover uma solução para os problemas trazidos pela crise asiática, por causa da suposta competência de seus quadros e, principalmente, da força política que desfruta como instituição que se destaca em sua imagem de imparcialidade sobre as nações tomadoras de empréstimos.

---

6 THOUGHTS OF SAKAKIBARA. *Financial Times*, 26 ago. 1997. Editorial.

Mas a idéia da neutralidade do FMI encontra fracos sinais de suporte no Brasil, pelo menos no que depende do ajustamento da esfera pública promovido pelo jornal *Folha de S.Paulo*. De fato, as idéias de jornalistas que afirmam com naturalidade a atuação do FMI em prol dos interesses dos Estados Unidos, enaltecendo que assim o seja, contrastam fortemente com as posições apresentadas pela *Folha*, que reconhece a parcialidade e tende, naturalmente, a vê-la como prejudicial ao Brasil.

O jornal argumenta em editorial[7] que o FMI atua de maneira particular, intermediando os interesses entre países ricos e emergentes de maneira claramente favorável aos primeiros.

O editorialista caracteriza a reprovação internacional às políticas comerciais brasileiras e latino-americanas: um relatório do Banco Mundial denuncia práticas protecionistas no Mercosul, o governo norte-americano desaprova o regime automotivo do Brasil e, finalmente, há "advertências do FMI sobre a economia do país", que ainda não teria dado os devidos passos na direção da abertura comercial esperada pelo Fundo. Isto é, o editorial alinha fatos que demonstram como determinadas pressões em favor da abertura comercial são exercidas sobre o Brasil de maneira clara e irrefutável.

Embora abrir seus mercados possa ser eventualmente vantajoso para o Brasil, diz a *Folha*, as conseqüências dessa política nem sempre serão necessariamente positivas. O jornal ressalta que "os EUA fazem o que podem para defender seus interesses comerciais", enquanto países como o Brasil, "vistos como 'emergentes', enfrentam os benefícios e os custos dessa condição: são vistos como oportunidades de investimento, mas também como mercados consumidores a conquistar".

Percebe-se, implícita, a idéia de que preservar o Brasil como mercado consumidor aos países ricos tem seus "custos". Apesar de

---

7 A RAPOSA E O GALINHEIRO. *Folha de S.Paulo*, São Paulo, 1º fev. 1997. Editorial.

o editorialista não se estender na definição do que para ele são esses "custos", é coerente associá-los à perda de soberania em matéria de política econômica. A associação é permitida porque a abertura comercial, exigida para manter o mercado brasileiro acessível aos países ricos, implica redução da interferência do Estado no estabelecimento de barreiras tarifárias e não-tarifárias. A abertura comercial também pressupõe a diminuição da capacidade de o Estado intervir no balanço de pagamentos, uma vez que a tendência é de importações e remessas de lucros de filiais seguirem uma lógica autônoma, desligada de eventuais prioridades determinadas pela política econômica nacional.

Em síntese, pode-se dizer que, nas relações de poder simbólico construídas pela *Folha* no editorial analisado, a atuação do FMI pode resultar na perda da soberania brasileira em matéria de política econômica.

O motivo pelo qual o editorial traz a questão à tona é a revelação, feita pelo correspondente da *Folha* em Washington, Carlos Eduardo Lins da Silva, de documentos provando a vinculação de Charlene Barshefsky, então responsável pelo comércio exterior dos Estados Unidos, com empresas mexicanas em busca da aprovação do Nafta (Tratado Norte-Americano de Livre Comércio). No entanto, Barshefsky antes garantira, diante do Senado norte-americano, nunca ter feito *lobby* em favor de governos ou entidades estrangeiras.

No episódio, sustenta o editorial, "o corriqueiro tema dos atritos comerciais, entretanto, sai do terreno econômico e mesmo geopolítico para entrar no âmbito das suspeitas de natureza ética quando se verifica o comprometimento de uma autoridade com interesses menores".

Assim, as declarações de Barshefsky revelaram-se mentirosas, conforme documento obtido pela *Folha*. Trata-se, segundo o veículo, de um grave indicador de que as disputas comerciais muitas vezes são marcadas por deslizes éticos.

O episódio, que afirmaria o caráter agressivo unilateral da política comercial dos Estados Unidos, é alinhado pelo editorial a outras críticas que acusam o Brasil de não oferecer seus mercados da maneira esperada pelos países ricos. Entre os agentes que exercem pressão pela abertura comercial está, afinal, o FMI.

Embora neste texto a questão não seja aprofundada, depreende-se do contexto que o editorialista considera o Fundo instrumento da manutenção dos interesses comerciais dos países ricos sobre os países emergentes. Pode-se reconhecer, implicitamente, determinada atribuição de significado à *performance* da instituição, que serviria à intermediação entre objetivos opostos e à imposição de determinados interesses sobre outros. Nesse contexto, o Brasil teria muito a perder, se capitulasse diante das pressões exercidas pelo Fundo.

A *Folha* adverte que o FMI age para preservar o Brasil como mero mercado consumidor para os países ricos; o país enfrenta os "benefícios e os custos" dessa condição. O jornal parece recomendar cautela em relação ao Fundo; procura criar e manter, dentro da esfera pública, um quadro eventualmente adverso à instituição, exercendo poder simbólico em uma direção determinável.

O sectarismo do FMI, assumido por *Folha de S.Paulo* e *Financial Times*, adquire ainda outro sentido na perspectiva do *The Wall Street Journal*. Em editorial,[8] esse veículo é contundente ao sugerir que mesmo um dos fatores tradicionalmente favoráveis ao FMI, ou seja, o fato de a instituição preservar interesses norte-americanos em todo o planeta, já não se sustenta em face da sua flagrante incompetência.

O editorialista aponta as razões pelas quais o Tesouro dos Estados Unidos sairia fortalecido se o Congresso aprovasse a nova cota para o FMI: a vantagem estaria em poder ditar as principais ações da instituição. No entanto, afirma o texto, não se sabe qual é o benefício desse poder, uma vez que o FMI erra tanto que deveria ser fechado:

> O Tesouro dos EU provê a parte do leão em moeda sólida para o FMI. E em troca – como é bem conhecido no Fundo, em Wall Street e nas capitais das principais nações clientes do FMI – o Tesouro coman-

---

8 FOCUSING THE IMF DEBATE. *The Wall Street Journal*, 7 maio 1998. Editorial.

da as principais jogadas do FMI. Em decorrência, o secretário do Tesouro estaria impaciente para dar suporte a mais dinheiro ao FMI – um dinheirão fora do orçamento que intensificaria o alcance global do próprio sr. Rubin.

...

O sr. Rubin tem sido menos que claro até agora ao explicar ao Congresso e aos eleitores dos EU alguns dos mais difíceis assuntos que cercam o dinheiro fresco e um papel maior para o FMI. Este é um debate no qual alguns dos talentosos arquitetos da moderna política financeira têm alertado que o FMI faz mais mal do que bem, e deveria ser pelo menos monitorado mais de perto, ou talvez inteiramente fechado.

De fato, esse cenário é contundente e contrasta com a perspectiva criada pelo *Financial Times*. O editorial do WSJ ironiza o valor do papel do FMI, uma vez que o Fundo é "ineficaz, desnecessário e obsoleto", nas palavras de burocratas citados no texto, porque "a promessa dos pacotes de socorro do FMI isolam financistas e políticos das conseqüências de suas más práticas econômicas e financeiras, e encorajam investimentos que de outra forma não teriam sido feitos".

A influência exercida pelos Estados Unidos sobre a atuação do FMI é assumida com clareza pelo WSJ. No entanto, sob a ótica desse jornal, a posição determinante dos Estados Unidos sobre os rumos do Fundo deveria servir para provocar um debate tido como imprescindível naquele momento, e orientado à revisão dos propósitos da instituição, então vista como prejudicial à saúde do mercado financeiro e da economia.

É relevante e necessário perceber como interesses contraditórios entre países ricos e emergentes são tratados pelo jornalismo opinativo das respectivas nações, preenchendo a esfera pública a fim de influenciar atores sociais e agentes econômicos. A tarefa permite dar mais visibilidade aos interesses que procuram influenciar a *performance* do FMI, acentuando os contornos de diversas posições em disputa por poder simbólico na esfera pública constituída pelo jornalismo de opinião.

E, ao agravar-se a crise cambial asiática, a partir de julho de 1997, torna-se possível reter outros traços do ataque dirigido ao FMI. Eles serão descritos no próximo capítulo.

6
A PERFORMANCE DO FMI
NA CRISE ASIÁTICA

Como instrumento de política econômica caracterizado pela presença maciça dos Estados sobre o comando da economia, o FMI teve sua própria existência posta em xeque durante a crise na Ásia. A burocracia do órgão foi muitas vezes taxada de incompetente. Sua atuação foi vista como ineficiente, e seu papel foi considerado obsoleto. De que forma as críticas estão relacionadas ao caráter particular do esgotamento da ação intervencionista estatal sobre a atividade econômica, no contexto específico da atuação do FMI, é possível entrever a partir das perspectivas identificadas neste capítulo.

E, se desordens próprias da globalização financeira contribuíram para que as ações do Fundo se encontrassem subitamente desmerecidas, e para criar um contexto que passa a exigir a transformação da entidade, também é possível estimar em conseqüência da análise empreendida aqui.

Além de enfrentar essas questões, este capítulo também apresenta, de forma comparativa, os contornos por meio dos quais o FMI foi percebido durante a crise na Ásia por países que assumem distintas posições de poder e influência na geopolítica mundial. De fato, a suposta multilateralidade da entidade também não encontra respaldo entre os textos de opinião analisados neste capítulo. Em vez disso, é possível encontrar com freqüência o reconhecimento do caráter sectário de um Fundo sabidamente sujeito aos interesses de seus maiores cotistas e, assim, manipulado a fim de atendê-los.

No entanto, nos contextos em que a suposta parcialidade é aceita, surgem razões muito diferentes entre si para sustentar o porquê de a atuação do Fundo ser ainda defensável, conforme perspectivas que podem ser associadas às distintas estaturas apresentadas por países de diferentes posições no contexto da globalização financeira.

Além disso, poderá ser percebida a centralidade que assume a questão do risco moral entre as pressões exercidas sobre a atuação do FMI. Muitos argumentam que os pacotes de socorro comandados pela instituição livram investidores das conseqüências de suas más apostas no mercado financeiro, e ajustam o cenário econômico para a ocorrência de novas crises.

Conforme discutido no Capítulo 4, os países emergentes foram especialmente afetados pela crise asiática. O chamado efeito de "contágio" se propagou por economias nas quais as dificuldades no balanço de pagamentos significavam, na ótica dos investidores, o risco de calote. A conseqüência, para nações emergentes como o Brasil, foi o fortalecimento de pressões pela desvalorização da moeda e o aumento dos juros, além da redução do gasto público. O FMI interveio ativamente nos problemas trazidos em decorrência da desvalorização da moeda tailandesa, tentando justamente minimizar a contaminação de outras economias emergentes, então beneficiadas, nesse sentido, pelo Fundo.

No entanto, o anúncio da primeira intervenção do FMI na crise asiática – o empréstimo à Tailândia – não foi suficiente para barrar a escalada de desvalorização da moeda daquele país. No Brasil, graves reflexos foram sentidos. À medida que ocorria o progressivo esvaziamento das reservas cambiais brasileiras, utilizadas para manter a valorização artificial do real no cenário de turbulência trazido pela crise, a *Folha* passou a fazer diagnósticos pessimistas. Estava claro que o FMI não tinha meios de sanar a situação, segundo afirma o veículo em editorial.[1] "Ou seja, torna ainda mais evidente que bancos centrais e organismos multilaterais, a começar pelo FMI, são impotentes diante das vagas especulativas provocadas por um oceano de recursos financeiros tão voláteis quanto abundantes", lamenta o jornal. "Vive-se portanto uma crise financeira e de instituições financeiras, mas também de organismos de supervisão, regulamentação e coordenação globais."

A *Folha* questiona de forma contundente a validade da atuação do Fundo diante de uma crise que colocava em xeque a saúde da economia mundial:

> Trata-se do predomínio crescente do movimento especulativo sobre a avaliação dos fundamentos racionais da atividade econômica.
>
> Estão no lado real indicadores relevantes para uma avaliação dos rumos de uma economia, tais como a capacidade de exportar, os recursos tecnológicos ou a saúde fiscal. Mas desatado o pânico financeiro, com a redução abrupta e inesperada da confiança, nenhum indicador basta. Impera a profecia auto-realizável. Se há expectativas de que a crise vá piorar, ela piora, apesar do FMI, do aumento das exportações (que, aliás, já ocorre na Tailândia) ou da formação de redes de segurança supranacionais.
>
> Ou seja, a economia real, quando a confiança se esvai, deixa de ser parâmetro para a formação de preços dos ativos – a noção de valor é subvertida pela vertigem financeira global.

Este texto dá a tônica da crítica do jornal contra os riscos trazidos pela globalização financeira. De certa forma, como se verá, a crítica é compartilhada pelo *Financial Times*. As advertências sobre o que parece estar errado com a economia mundial, segundo a *Folha*, ganham corpo no jornal, que parece endossar a perspectiva de críticos da mundialização do capital, como Chesnais, Arrighi e Harvey, discutidos na Parte I, pelo menos no aspecto de considerá-la uma fase de subordinação da esfera produtiva aos imperativos das finanças, a qual sinalizaria uma crise do próprio capitalismo.

---

1 BOLSAS E VERTIGEM GLOBAL. *Folha de S.Paulo*, São Paulo, 31 ago. 1997. Editorial.

Chesnais (1996, p.300) enfatiza os efeitos da globalização financeira na destruição de mecanismos de subordinação das finanças às necessidades da indústria. Ou seja, o autor aponta que o investimento produtivo acaba sendo avaliado por critérios autônomos, desligados das exigências do sistema de acumulação, como a preservação de mercados consumidores, o que, por sua vez, exige manter níveis de emprego e salário.

Em vez disso, os investidores querem que o capital aplicado na produção seja remunerado com a mesma rentabilidade da qual gozam os capitais desligados da atividade produtiva. Estes, livres de qualquer compromisso, a não ser o horizonte de lucratividade imediata, são mais rentáveis e gozam da mobilidade e da flexibilidade garantidas pela desregulamentação financeira. Nesse contexto, os ativos industriais devem ser valorizados pelos mesmos critérios que os ativos financeiros. Isso significa, conforme reconhecido por Soros (1998, p.181) e também discutido na Parte I, que a administração de uma companhia aberta deve estar tão atenta ao mercado de ações da empresa quanto ao mercado de produtos, de maneira que o desempenho acionário possa, de fato, eventualmente se tornar mais importante:

> Se for o caso de uma escolha, os sinais dos mercados financeiros assumem precedência em relação aos do mercado de produtos: os gerentes estão prontos para fechar divisões ou vender toda a empresa, se a medida aumentar o valor para os acionistas; eles maximizam o lucro em vez da participação no mercado.

E, a partir do momento em que a administração empresarial privilegia a rentabilidade das ações em detrimento do valor gerado pela produção, os resultados são o crescimento do número de acionistas e o aumento da "importância relativa da propriedade de ações na riqueza domiciliar", ao passo que o "crescimento da atividade econômica tem sido mais modesto". Uma conseqüência é a preponderância dos mercados financeiros sobre a esfera produtiva na definição das prioridades de investimento.

Dessa forma, as decisões de investimento seguem razões diversas, distintas daquelas de ordem econômica associadas ao modelo fordista de regulação, no qual o poder corporativo precisa preservar a vitalidade dos mercados consumidores. A desregulamentação dos mecanismos associados à regulação fordista, salienta Chesnais (p.299), é fator que contribuiu para a equiparação das exigências de lucro entre o capital produtivo e o capital rentista. As conseqüências são especialmente graves para as nações emergentes. Segundo o autor, o endividamento crescente "agravou a incapacidade desses países de se contraporem aos fatores que, de resto, iam no sentido de sua 'desconexão' do sistema internacional de intercâmbio comercial".

Chesnais argumenta também que a mundialização do capital torna difícil a existência de instituições estatais fortes o suficiente para disciplinar as operações do capital privado e com reservas para suprir deficiências de investimento privado e fortalecer a demanda.

Assim, pode-se dizer que a "capacidade de exportar", referida pelo editorial comentado anteriormente, é afetada justamente pela liberalização da esfera financeira. O que parece estar expresso nesse texto é a idéia de que a desregulamentação dos mercados financeiros deu, às operações especulativas, poder excessivo sobre a esfera produtiva, e esse predomínio é danoso à "economia real".

Mas a *Folha* também discute saídas para o problema: o fortalecimento do FMI. No entanto, não há contradição aqui. O jornal deseja, na verdade, ver a instituição livre da influência dos Estados Unidos para que ela assuma sua legítima função. Em editorial,[2] o veículo apela para uma reestruturação das funções de supervisão financeira mundial exercidas pelo Fundo.

A *Folha* analisa justamente aspectos da crise do capitalismo global. "O cenário mundial é de crescimento apenas moderado", sublinha o editorialista. "Acumulam-se inquietantes previsões de desigualdade crescente, de riscos financeiros renovados, de desemprego explosivo e de ineficácia de receitas econômicas convencionais."

---

2 A NOVA ANGÚSTIA MUNDIAL. *Folha de S.Paulo*, São Paulo, 22 set. 1997. Editorial.

O jornal alega que a capacidade do mercado em alocar recursos está fragilizada pela nova configuração do capitalismo financeiro: "O problema, supondo que a confiança no mercado esteja fraturada, é saber quem será capaz, com legitimidade e fôlego, de enfrentar globalmente os desafios da nova agenda". O editorial aponta, então, que o FMI pode ser esse elemento capaz de lidar com a crise do capitalismo:

> O FMI apresenta-se como candidato natural e o empenho recente do diretor-geral Michel Camdessus em alertar para os problemas faz parte da sua campanha para assumir o papel de gendarme global. Mas é apenas uma candidatura, diante de poderes enormes - como o do capital financeiro e o dos EUA –, num mundo sem consenso e, a cada dia, com mais angústias.

No contexto posto pela *Folha*, torna-se necessário que algum controle sobre o mercado financeiro seja assumido por algo ou alguém – e o "FMI apresenta-se como candidato natural" a adotar esse papel.

Para o editorialista, no entanto, a tarefa não é fácil. Será necessário, inclusive, contestar a hegemonia norte-americana; no "novo" Fundo Monetário Internacional desejado pela *Folha*, o poder dos Estados Unidos representa obstáculo a ser contornado. Segundo o jornal, a candidatura do Fundo ao papel de saneador da economia mundial está "diante de poderes enormes – como o do capital financeiro e o dos EUA".

Há, aqui, dois aspectos simultaneamente discutidos pelo editorial. O primeiro diz respeito a supostos indícios de crise do capitalismo global: no contexto mundial, segundo a *Folha*, verificava-se "crescimento apenas moderado", isso porque, conforme o jornal, a capacidade de o mercado alocar recursos estaria fragilizada pela nova configuração do capitalismo financeiro. O segundo aspecto é o obstáculo representado pela hegemonia norte-americana na busca de instrumentos para a regulamentação do mercado financeiro, necessária para inverter uma situação supostamente redutora do crescimento econômico.

Vale agora rever outras questões da base teórica expostas no Capítulo 3, a fim de recompor brevemente o quadro sociológico que alimenta as relações de poder simbólico construídas por esse editorial.

Desde o começo da década de 1970, o liberalismo financeiro defendido pelos Estados Unidos esteve ligado à percepção, pela administração do país, de que tal ordem seria necessária para garantir o nível de transações exigido para financiar os crescentes déficits de pagamentos, segundo Sanchez (1999, p.41).

No entanto, esse objetivo norte-americano conflita com outro, qual seja, o de manter sua hegemonia no contexto específico já tratado aqui: o de arranjo entre potências mundiais que permite reduzir a competição intercapitalista por mercados consumidores e oportunidades de investimento e proporcionar, assim, condições para o crescimento econômico.

O conflito decorre do fato de que o arranjo hegemônico liderado pelos Estados Unidos estaria em crise, arrastando com ele as condições que haviam permitido a diminuição da competição intercapitalista. O contexto teria mudado porque o esgotamento do modelo fordista-keynesiano levara, conforme afirma Harvey (1993, p.170), a um quadro em que o investimento produtivo passou a encontrar taxas de lucro insuficientes para atrair capital e sustentar o crescimento econômico, por conta da saturação dos mercados e da conseqüente instabilidade promovida pela competição intercapitalista excessiva.

E, diante da decrescente rentabilidade do investimento produtivo, os capitais tendem a permanecer na esfera financeira, onde são mais bem remunerados. Assim, ao mesmo tempo que a financeirização da economia é estimulada pelos Estados Unidos, que precisam dela para sustentar seu déficit comercial, a hipertrofia das finanças traz instabilidade mundial e contribui para abalar a capacidade de a hegemonia norte-americana, afinal já vitimada pela exaustão do modelo fordista-keynesiano, promover as condições para o crescimento econômico global.

Nesse contexto, o incentivo dado à expansão financeira pelos Estados Unidos constituiria uma derradeira tentativa de preservar sua hegemonia, ainda que prejudique as condições para o crescimento da economia mundial, ao dar aos capitais financeiros poder maior que o exercido pelo investimento exclusivamente produtivo. Assim, a estagnação econômica seria uma decorrência da mundialização do capital e esta, por sua vez, uma conseqüência do esgotamento da capacidade de os Estados Unidos liderarem o crescimento da economia global.

Ora, o cenário arquitetado pela *Folha* parece erguer-se justamente sobre tais questões. O veículo afirma: a instabilidade financeira está associada ao crescimento insatisfatório; o poder dos Estados Unidos opõe-se à regulamentação das finanças; a "angústia mundial", expressa no título dado pelo editorialista, é uma realidade que pode ser resolvida caso o FMI enfrente o poder norte-americano e restabeleça as condições para o seu crescimento, por meio de uma regulação da esfera financeira que novamente a subordine às necessidades produtivas. Aqui, mostra-se uma interessante faceta da defesa do Fundo apresentada pela *Folha*. No contexto, a instituição torna-se valiosa enquanto for capaz de reduzir a influência da hegemonia norte-americana sobre sua atuação.

A diferença entre esse contexto e o construído pelo *Financial Times*, analisado no capítulo anterior, é marcante. O jornal britânico assinala que a liderança do FMI na crise asiática deveria ser mantida como forma de garantir um terreno propício aos investimentos norte-americanos, e chega até a lamentar que essa percepção não fosse consensual dentro do próprio governo dos Estados Unidos.

Inclusive, com a crise na Ásia, cresceram as pressões para que o FMI recebesse um reforço de caixa para lidar com situações críticas como aquela, preservando interesses específicos.

Nesse quadro, o FT[3] defende intervenção ativa do FMI na coordenação de novo pacote de socorro à Coréia. O país caminhava na direção de amenizar seus problemas, mas o total de dívidas com vencimento em curto prazo chegava a US$ 80 bilhões:

---

3 AND ALSO TO SOUTH COREA. *Financial Times*, 19 nov. 1997. Opinião.

Anunciada ontem, a decisão de abrir o mercado doméstico de bônus aos investidores estrangeiros e aumentar para US$ 10 bilhões o fundo governamental de socorro aos bancos é apenas um começo. O próprio governo admite a necessidade de empréstimos externos de larga escala tanto dos mercados como através de *swap* com os bancos centrais dos Estados Unidos e Japão. Mas é improvável que tal apoio esteja disponível sem a confiança engendrada por um programa do FMI.

Essa confiança, demonstrada pelo FT ao FMI, é justificada pelo reconhecido caráter sectário da instituição. Gerard Baker, articulista do veículo, destaca[4] que os Estados Unidos desejam a intermediação do FMI nos pacotes de socorro aos países asiáticos, e rejeitam a possibilidade de a região coordenar, sozinha, a liberação de dinheiro para as economias em crise:

> Os EU têm a responsabilidade de ajudar os países a achar uma saída da confusão, mas a administração Clinton está preocupada em evitar abrir seu talão de cheques em um pacote de socorro regional por atacado. Ao mesmo tempo, Washington está tentando garantir que os países asiáticos não tentem tramar uma solução especificamente asiática para os problemas, como alguns governos têm proposto.

O receio dos Estados Unidos, segundo o autor, é de que os países asiáticos recebessem dinheiro sem que o socorro estivesse devidamente atado à implementação de medidas para "restituir a estabilidade". No contexto, a "estabilidade" é desejada pelos Estados Unidos por significar um ambiente favorável aos negócios norte-americanos na região. Naquele momento, argumenta Baker, a situação era ruim para os Estados Unidos:

> Embora as autoridades dos Estados Unidos continuem a argumentar, razoavelmente, que o impacto imediato da crise sobre a economia do país será limitado, elas estão vendo com preocupação o impacto sobre as relações comerciais através do Pacífico. Na quinta-feira, os pri-

---

4 THE CRISIS-BUSTER: Gerard Baker on the Delicate Task Faced by the US as the Turmoil Continues. *Financial Times*, 21 nov. 1997. Opinião.

meiros sinais do tamanho do prejuízo apareceram com a publicação de estatísticas sobre comércio que mostraram que havia dobrado o déficit dos Estados Unidos com Coréia do Sul, Cingapura, Taiwan e Hong Kong em setembro.

Referida com clareza neste artigo, a sintonia entre os interesses dos norte-americanos na Ásia e a ação do FMI nas operações de socorro aos países da região em crise é afirmada com naturalidade também pelo jornalista do FT, Lionel Barber.[5] Esse autor revisa a hegemonia historicamente construída pelos Estados Unidos desde a Segunda Guerra Mundial e lamenta o fato de a liderança, naquele momento, não possuir a mesma força. A culpa era do Congresso norte-americano, cada vez mais poderoso e disposto a barrar o exercício da hegemonia:

> Nesta semana, os EU estão liderando esforços para salvar a Ásia de um desastre financeiro. Bill Clinton, o presidente dos EU, se destaca entre os feridos presentes no encontro pacífico-asiático de Vancouver. O plano de socorro do Fundo Monetário Internacional levará a marca: produzido na América. Coincidentemente, este exercício de liderança dos EU ocorre no mesmo tempo do cinqüentenário do Plano Marshall, que resgatou a Europa da fome, pobreza, desespero e caos.

No entanto, segundo o autor, embora a liderança ainda existisse ("A hegemonia do dólar impera na Ásia", diz), Clinton não passaria de uma imitação grosseira do então presidente norte-americano, Harry Truman: "O fato é que os EU não mais desfrutam da supremacia proporcionada pelo poder que tinham cinqüenta anos atrás". Como fatores responsáveis pela transformação, Barber cita o "declínio da presidência e a ascensão do Congresso como ator na política externa dos EU".

O autor dá exemplos para provar seu argumento. O Congresso acabara de negar, ao presidente, a autoridade para negociar tratados

---

5 WHERE'S TRUMAN? Lionel Barber: Europeans are Worried that Clinton's Ability to Make Sensible Foreign Policy is Being Thwarted by Congress. *Financial Times*, 25 nov. 1997. Opinião.

comerciais que os presidentes anteriores possuíam desde 1974, diz.

Além disso, a Casa se recusara a honrar o compromisso de pagar US$ 926 milhões às Nações Unidas, e negara US$ 3,5 bilhões em garantias para os empréstimos dos programas de estabilização cambial do FMI. O diagnóstico de Barber é aflitivo: "Inevitavelmente, a fragilidade doméstica do presidente levanta dúvidas sobre a liderança da América no Exterior".

Vale retomar os argumentos em favor do endosso do Congresso norte-americano ao aumento de cotas do FMI. Conforme discutido no Capítulo 1, a cota de cada membro define a contribuição exigida do país e a quantia máxima de financiamento que é possível obter do Fundo. A cota é determinada principalmente pela posição econômica de um país em relação aos outros membros, considerando-se produto interno bruto, transações em conta corrente e reservas oficiais.

Em setembro de 1997, o FMI decidiu aumentar em 45% o total de cotas em reservas, passando de 146 bilhões de SDRs (cerca de US$ 200 bilhões na época) para 212 bilhões de SDRs (US$ 290 bilhões), "refletindo as mudanças no aumento da economia mundial, a escala dos potenciais desequilíbrios de pagamentos e a rápida globalização e liberalização do comércio e fluxos de capital", além da "atual e futura necessidade de liquidez e a adequação dos acordos de empréstimos" (IMF, 2001e).

Os defensores do aumento de cotas tinham em mente, afinal, as dificuldades advindas da crise asiática. Houve resistência entre alguns países-membros, notavelmente do Congresso dos Estados Unidos, fato que recebe ampla repercussão nas páginas do FT. A negação do Congresso seria determinante: conforme o veículo,[6] a cota norte-americana de 17,5% "supera a soma das contribuições dos membros da União Européia". Além disso, os Estados Unidos são "o único país do G7 no qual a oposição do Legislativo pode fazer o aumento de cotas descarrilar". Mais importante ainda, de acordo

---

6 BATTLE FOR THE FUND: Nancy Dunne Says that the Congressional Debate over the IMF Raises Worries about the International Role of the US. *Financial Times*, 17 fev. 1998. Opinião.

com o texto: "a batalha pelo FMI é parte de uma guerra mais ampla sobre o futuro das obrigações internacionais dos EU".

Finalmente, o novo total de cotas é aprovado em janeiro de 1998, passando a estar disponível um ano depois.

Enfim, a liderança do FMI sobre a crise foi mantida, e os países asiáticos em dificuldades teriam, segundo o *Financial Times*, fechado acordos com a instituição que resultariam em vantagens para os investidores norte-americanos e europeus.

O articulista do veículo, Gerard Baker,[7] detalha os motivos para julgar correta a performance da instituição. O recurso aqui utilizado é atribuir um ponto de vista particular a fontes genéricas, dissimulando o caráter subjetivo da afirmação:

> Os defensores da estratégia argumentam que é a maneira correta de lidar com a moderna economia mundial – uma era de mercados de capital globalizados, rápidas mudanças tecnológicas que permitem a transferência de bilhões de dólares entre países em um instante, e interdependência econômica que torna até mesmo a outrora poderosa economia dos EU vulnerável aos choques vindos dos mercados emergentes.

A esse cenário, no qual se destaca o suposto acerto da *performance* do FMI na crise asiática, Baker alinha outro elemento, a fim de conferir mais credibilidade à ação do Fundo: a sintonia da instituição com a suposta defesa dos interesses norte-americanos na Ásia:

> Poucos duvidam de que o desenho da estratégia seja essencialmente americano. Como economia líder mundial e maior contribuinte do FMI e de outros emprestadores multilaterais, os EU têm assumido a liderança para forjar a arquitetura do acordo. O país rebateu os planos de uma resposta especificamente asiática de alguns países da região, argumentando que era correto deixar a instituição com largo suporte internacional e *expertise* apropriada na área – o FMI – agir para restabelecer a estabilidade através da provisão de empréstimos em troca de duras reformas.

---

7 RIDING TO THE RESCUE: Gerard Baker Looks at the US Role in the International Bail-out for Korea and at the Problems that Might Ensue. *Financial Times*, 4 dez. 1997. Editorial.

No entanto, apesar do evidente contexto extremamente favorável à atuação do FMI, há muitas críticas, reconhece o autor, que primeiramente as descreve em sua essência, para depois confrontá-las:

Até agora, a abordagem tem encontrado pouca resistência, mas a escala do acordo coreano tem forçado os críticos da estratégia dos EU a virem à tona nesta semana. Democratas e republicanos estão infelizes com o que vêem como grandes esforços para apoiar países asiáticos que estão, potencialmente, competindo com os exportadores dos EU.

Assim, uma forma de rebater esse argumento é oferecida por Baker. Na verdade, como a própria administração Clinton enfatizaria, o pacote também recebeu o apoio das potências industrializadas e do Japão, todos envolvidos no esforço de estabilização da região. Além disso, ter o FMI na coordenação do pacote iria proporcionar vantagens especiais:

> também está garantido que o tipo de reformas impostas pelo FMI às economias asiáticas ajuda os exportadores dos EU através da liberalização do comércio e dos mercados de capitais. As autoridades dos EU estavam ansiosas nesta semana para salientar, por exemplo, que o acordo coreano traria maiores oportunidades para os bancos dos EU operarem na Coréia.

Já os articulistas Tony Walker e John Ridding[8] vão mais além na explicação das razões pelas quais as reformas exigidas pelo FMI afinal revelaram-se compensadoras para os Estados Unidos:

> Os investidores dos EU, mais do que correrem assustados na crise, estão aproveitando as oportunidades para aprofundar seu envolvimento com as economias problemáticas dos tigres. No processo, eles poderiam ajudar a remodelar as corporações asiáticas e aprofundar o engajamento político de longo prazo dos EU na região.

---

8 SNAPPING UP BARGAINS: The Wave of Foreign Investors, Particularly from the US, after the Recent Financial Turmoil in the Region could Help Reshape Corporate Asia, Say Tony Walker and John Ridding. *Financial Times*, 25 mar. 1998. Opinião.

"Muitas companhias dos EU estavam sendo frustradas no passado com sua inabilidade para acessar vastos e crescentes mercados asiáticos de consumidores, negócios e indústrias. Mas tudo isto está mudando um tanto dramaticamente, na medida em que os mercados asiáticos começam a se abrir", diz o banco de investimentos CS First Boston.

...

As condições ligadas aos programas de socorro do Fundo Monetário Internacional e do Banco Mundial estão desempenhando o papel de forçar a abertura das fechadas culturas corporativas da Ásia, criando oportunidades para companhias internacionais.

"A oportunidade de investimento, seja na produção, distribuição ou ações de portfólio surge apenas uma vez na vida", diz Adlai Stevenson, ex-senador dos EU e presidente do SC&M International, um banco mercantil de Chicago.

Após enfatizar a importância do FMI na criação de oportunidades para os investimentos norte-americanos na Ásia, o texto aprofunda-se na caracterização das vantagens oferecidas pelos negócios na região. Uma vez que as companhias asiáticas abaladas pela crise sofriam com a dificuldade de obter crédito, a situação se tornava propícia para fusões e aquisições:

"Com baixas avaliações de bônus e mercados de ações deprimidos agindo como significativas barreiras para obtenção de capital, as companhias asiáticas estão sendo forçadas a buscar todas as alternativas", argumenta o CS First Boston.

As opções enumeradas pela fonte citada no texto significam, em geral, promover fusões ou vender uma considerável fatia da empresa a fim de levantar dinheiro vivo.

E o ritmo com que as vantagens seriam aproveitadas dependia do rigor com o qual cada país asiático estava seguindo as lições do FMI, revela o texto:

As companhias dos EU estão se mexendo a fim de aproveitar as oportunidades. Muita ação tem sido concentrada em países que foram mais longe na implementação das medidas do FMI e do Banco Mundial

O FMI SOB ATAQUE 127

dirigidas a proporcionar transparência a suas economias e a melhorar a governança corporativa.

Havia um risco, no entanto, na ótica dos articulistas. Trata-se da possibilidade de a imagem do FMI ser associada à defesa dos interesses dos Estados Unidos na região. Ou seja, o texto parece lembrar que, se o caráter sectário da instituição fosse revelado, poderia haver oposição, dentro dos países asiáticos, aos planos dos investidores internacionais:

as companhias dos EU poderiam sofrer o impacto de qualquer reação ao capital estrangeiro. Na medida em que o FMI é identificado com os Estados Unidos, protestos contra as políticas do Fundo tendem a assumir um sabor anti-EU.

A conseqüência, dizem os executivos dos EU, é preparar-se para obter a recompensa. "É absolutamente crucial que nós não sejamos vistos como se estivéssemos em um estouro da boiada, explorando seus problemas", diz um banqueiro sênior. "Se nós dermos pequenos passos cuidadosamente, obteremos as maiores passadas."

Em síntese, o jornal diz que as companhias norte-americanas estavam comprando significativas fatias de empresas locais, aproveitando as oportunidades oferecidas por um mercado acionário recessivo. E os países preferidos pelas companhias norte-americanas eram aqueles que, com mais dedicação, seguiram as condições impostas pelo FMI: Coréia do Sul e Tailândia. Setores automotivos e eletrônicos estavam na mira, mas o foco principal se dava sobre a esfera financeira: corretoras e companhias de seguros falidas estavam sendo compradas como parte de uma estratégia para explorar os mercados asiáticos. Fundos de investimento estavam entre os principais compradores. O texto observa que essa dimensão da participação estrangeira nos negócios coreanos era impensável antes da crise, e alerta para a importância de as empresas dos Estados Unidos não serem vistas como exploradoras e associadas com a imagem do FMI.

Os contornos dessa perspectiva de defesa da atuação do Fundo são, agora, dados com mais clareza. Se no jornalismo opinativo do

FT a instituição já havia sido caracterizada (no capítulo anterior) por buscar a estabilidade "onde os Estados Unidos tenham interesses decisivos, sistêmicos ou estratégicos" e como "cão de guarda da economia mundial", finalmente a descrição parece mais nítida agora, após a análise em conjunto das diversas tessituras apresentadas por outros jornalistas.

Essa perspectiva revela como um veículo de informação influente como o FT constrói uma esfera pública favorável à atuação do FMI por meio de um artifício específico – ou seja, justamente desnudando o sectarismo da instituição, enfatizando os sinais que asseguram a performance de um Fundo alinhado à manutenção de vantagens particulares, supostamente identificadas com os interesses dos leitores-contribuintes.

De forma geral, evidencia-se que o caráter sectário da instituição não é usado apenas como argumento para que burocratas ou políticos consigam convencer seu Legislativo da legitimidade de dar dinheiro ao Fundo. Para o FT, aparentemente, é conveniente dar relevo a esse traço da instituição, exatamente como uma forma de persuadir a opinião pública dos países enquadrados pelo arranjo hegemônico liderado pelos Estados Unidos, "mostrando" a ela quão defensável é a atuação do FMI.

Já a *Folha* tem motivos ainda mais surpreendentes para defender as vantagens dos acordos com o FMI. Para o veículo, são justamente as conseqüências das políticas recessivas adotadas pelo governo brasileiro, então fragilizado diante da crise asiática, que precisavam ser contidas por um novo entendimento com o Fundo. No contexto criado pela *Folha* em editorial,[9] aceitar as imposições do FMI poderia de fato significar perda de soberania em termos de política econômica; no entanto, o acordo com a instituição poderia ser necessário, em função dos erros do governo brasileiro, que teriam exposto o país, de forma excessiva, ao risco externo, e levado à rápida perda de reservas cambiais.

---

9 DO REAL AO REALISMO. *Folha de S.Paulo*, São Paulo, 16 nov. 1997. Editorial.

A *Folha* reconhece a gravidade da situação crítica que o país então vivenciava. A análise é pessimista:

> O Brasil perdeu nas últimas semanas cerca de US$ 8 bilhões em reservas internacionais. Este é o saldo mais evidente da crise de confiança que ainda não terminou.
>
> Mesmo que as expectativas mais pessimistas não tenham sido confirmadas, a essa altura da crise financeira global é evidente que não há mais espaço para os otimistas. Não há saída rápida nem indolor. Seja por razões externas, seja pelas conseqüências funestas que vão se impor em cada economia afetada, a travessia nos próximos meses será penosa.

O editorialista afirma que a recessão é, muitas vezes, inevitável na tentativa de fechar o balanço de pagamentos, que começava então a ser cada vez mais prioridade da política econômica brasileira. O jornal aponta, no entanto, o caráter contraditório dessa política: "... toda recessão significa redução da produção, do emprego, do investimento e do consumo. Ou seja, estreita-se a base de arrecadação de impostos, mais rapidamente do que o corte de gastos pelo governo".

O raciocínio apresentado é simples: "... a reconquista da credibilidade externa ocorre às expensas da credibilidade interna do Estado. Sobre esse fio equilibra-se a própria soberania do país".

Na dificuldade de manter o equilíbrio entre as duas exigências, muitos países, segundo o texto, recorreram ao FMI, que teria assumido justamente esse papel na década de 1980: atuar como emprestador de última instância a governos que precisaram, afinal, "submeter suas contas e seu modelo econômico a um monitoramento externo", conferindo credibilidade ao ajuste econômico em curso e dando prioridade absoluta ao fechamento do balanço de pagamentos.

Já o Brasil, conforme o texto, obteve estabilidade da moeda sem recorrer ao FMI. "Mas não foi capaz de evitar as contradições que, em outros países, impuseram nas últimas semanas acordos com o Fundo." A crítica ao governo brasileiro vai, então, além:

> é o próprio sucesso dos últimos três anos que se transforma em armadilha. Afinal, mesmo criando margem de manobra, a acumulação de re-

servas consagrou a valorização do câmbio e acabou por colocar o país na berlinda.

Mais que realismo, o momento que o país atravessa solicita o mais frio pragmatismo. A perda de reservas agora desempenha o papel de um termômetro crucial. Resta saber se a hipótese, considerada por muitos como irrealista, de sair da crise sem o FMI, será realizável.

Torna-se clara a construção de um ponto de vista bastante particular, para o qual o acordo com o FMI só se torna necessário por causa dos erros cometidos pela política econômica do governo brasileiro. O Fundo é visto como um "mal necessário". Ou seja, figura como instituição cuja atuação muitas vezes inclui a perda de soberania dos "socorridos" em matéria de política econômica, mas que acaba sendo importante para o Brasil, porque permitirá ao governo remediar os próprios desacertos.

Inclusive, a exigência do "mal necessário" deve, no final das contas, ser percebida pelo governo brasileiro, na ótica exposta pelo jornalista Clóvis Rossi,[10] membro do conselho editorial da *Folha*, que revela uma de suas referências para apresentar tal argumento: o próprio *Financial Times*, além da revista *The Economist*. Na análise de Rossi, esses dois veículos de ascendência mundial compartilhavam a visão pessimista sobre os descaminhos da política econômica brasileira:

> Começo pela edição de quinta-feira do jornal britânico *Financial Times*. Diz, a horas tantas, que "a economia mundial corre o risco de incêndio". Não é texto de algum colunista incendiário, até porque o FT não os tem. Está no editorial, o pedaço do jornal que revela, em tese, sua alma e suas entranhas.
>
> ...
>
> Passo para a revista, também britânica, *The Economist*, edição que começou ontem a circular. É sobre o Brasil a segunda nota da seção "Líderes", em que a revista destaca os assuntos mais importantes da semana e ensina ao mundo como deveria comportar-se diante deles.

---

10 ROSSI, Clóvis. Eles, os catastrofistas. *Folha de S.Paulo*, São Paulo, 22 nov. 1997. Opinião.

Título: "Brasil por um fio". Ilustração: quatro pessoas remando numa canoa prestes a desabar corredeira abaixo.

O texto é um apelo aos parlamentares brasileiros para que aprovem as famosas reformas. Acrescenta que, mesmo com elas, o governo ainda poderá se ver obrigado a recorrer ao auxílio do FMI, descrito, de resto, como "uma infeliz necessidade, não uma desgraça".

O jornalista cita o comportamento das duas publicações a fim de se defender das críticas, recebidas pela *Folha*, de leitores irritados com o suposto pessimismo do jornal. A desesperança estava disseminada, argumenta Rossi; não se tratava de mero exagero da *Folha* nem de distorção movida por sectarismos: "Ideologia à parte, são duas das mais sóbrias e respeitadas publicações do planeta. Teriam sido contaminadas pela *Folha* ou estão apenas cumprindo a obrigação de retratar uma realidade que é, de fato, assustadora?".

Vale, também, verificar como a circunstancial adesão aos propósitos do Fundo, caracterizado como um "mal necessário", não significa deixar de lado o caráter sectário da instituição, afinal comprometida com a defesa dos interesses dos países ricos, na ótica persistente do jornalismo opinativo da *Folha*. Em editorial[11] publicado no mesmo dia do comentário de Clóvis Rossi tratado anteriormente, o veículo aponta razões para o Fundo buscar eficiência no socorro aos países asiáticos.

O editorialista assinala que a intervenção do FMI na crise que afetou a Ásia foi, em grande parte, motivada pela exigência de proteger os interesses norte-americanos na região e nas relações de comércio internacional.

O jornal procura traçar um diagnóstico dos rumos da solução para a crise, apontando justamente razões para ser otimista:

A crise global que praticamente dominou o segundo semestre começou na Ásia e, ao que parece, poderá ser superada apenas a partir da Ásia.

---

11 ALÍVIO NA ÁSIA E NOS EUA. *Folha de S.Paulo*, São Paulo, 22 nov. 1997. Editorial.

Contudo, ainda não está claro se a evolução político-institucional terá respaldo na dinâmica dos mercados e mesmo se haverá recursos suficientes para estabilizar as moedas da região, o que permitiria uma reestruturação financeira que duraria provavelmente alguns anos. Há, porém, um bom motivo para acreditar que o impasse seja superado. Trata-se do impacto que um colapso total da Ásia teria na economia dos EUA.

Repete-se o ocorrido com o México após a crise de 1994: o fato de os EUA serem ameaçados (e cerca de 30% da dívida pública norte-americana está em mãos de japoneses e chineses) leva a um esforço em socorro das vítimas da crise financeira, que, afinal, é uma ação de salvaguarda dos interesses das grandes corporações e bancos dos próprios Estados Unidos.

O cenário seria então de crescimento menor na Ásia, com queda nos preços externos de seus bens. Poderiam assim os cidadãos e empresas dos EUA continuar desfrutando um ciclo de vigoroso crescimento econômico sem ameaça inflacionária.

Novamente, considerar em editorial o caráter sectário do Fundo parece contribuir para reforçar a idéia do "mal necessário", afinal, subjacente em outro texto publicado no mesmo dia, lado a lado. Ou seja, a tese implícita nesse ajustamento da esfera pública é reconhecível: a *Folha* parece afirmar que é necessário perceber a parcialidade das ações do Fundo, ainda mais que o Brasil poderia precisar da instituição em função das falhas da política econômica nacional.

No entanto, a globalização financeira também deve, segundo o veículo, ser considerada culpada por toda a turbulência trazida pela crise asiática. Nesse contexto, a *Folha* exige a reforma do sistema financeiro internacional, a fim de conter o poder destrutivo da movimentação de capitais de curto prazo, flagrado mais uma vez no episódio, e de proporcionar mecanismos mais eficientes para promover a alocação de recursos, além de garantir salvaguardas para o poder dos Estados nacionais na regulação dos mercados.

Para aprofundar a compreensão dessas questões, cabe retornar brevemente à discussão desenvolvida no Capítulo 3, ampliando os contornos da globalização financeira e das características que tornam o fenômeno particularmente instável e refratário às tentativas de regulamentação.

Chesnais (1996, p.261 et seqs.) distingue três características essenciais da globalização das finanças. O primeiro aspecto é a desregulamentação ou liberalização monetária e financeira, que tem como conseqüência a perda de controle do nível das taxas de juros pelos bancos centrais. Apesar de Chesnais reconhecer que a definição das taxas diárias continue a ser um atributo das autoridades monetárias, as taxas a médio e longo prazo são estipuladas segundo tendências dos mercados financeiros, aponta.

A desintermediação é o segundo aspecto enumerado pelo autor. Por meio dela, os operadores de serviços financeiros podem buscar seus objetivos à margem das redes tradicionais criadas pelos bancos, sustentados pela expansão das técnicas de financiamento mediante a emissão de títulos e fundos de investimento particulares.

O terceiro aspecto é a abertura dos mercados financeiros, que consiste na eliminação de barreiras entre especializações financeiras ou bancárias dentro de um mercado nacional, e entre mercados nacionais e externos. A abertura em relação ao exterior é caracterizada pela liberalização dos fluxos de câmbio e pela abertura do mercado de créditos aos operadores estrangeiros e da Bolsa às empresas estrangeiras.

Tal é o poder dos grandes operadores, sublinha Chesnais (p.261), que eles passaram a gozar uma espécie de garantia de impunidade. Como se tornaram importantes demais, os governos vêm em seu auxílio no caso de imprevistos, impedindo-os de falir.

E o FMI, quando "socorre" governos em débito, transfere ativos de tesouros públicos para bancos privados credores. Dessa forma, o dinheiro do contribuinte seria destinado a compensar maus investimentos, realizados por operadores conscientes das possíveis conseqüências de suas apostas.

Essas operações de "socorro" financeiro, que evitam eventuais perdas dos investidores globais e assim eliminam o chamado "risco moral" (*moral hazard*), inerente à instabilidade dos movimentos no mercado financeiro, são criticadas pelos analistas aqui comentados.

Segundo a argumentação corrente, o investidor não tem porque agir com prudência se sabe que será socorrido quando suas operações especulativas ou de crédito incerto derem errado. Dessa forma, o FMI traria uma espécie de seguro contra turbulências financeiras, beneficiando justamente os responsáveis pelas crises à custa do dinheiro do contribuinte. Nessa perspectiva, a ação do Fundo serviria então como fator de produção contínua de novas crises, contribuindo não para sanar o mercado financeiro, mas para institucionalizar a desordem e o risco sistêmico.

Chesnais também considera o crescimento do investimento direto (IED, investimento externo direto, realizado com o objetivo de influenciar a gestão de empresas situadas em um país que não o do investidor) motriz da mundialização do capital. O IED é composto por aportes líquidos de capital feitos pelo investidor na forma de compra de ações ou quotas, aumento de capital ou criação de empresas, além de empréstimos líquidos e lucros reinvestidos, promovendo o desenvolvimento dos mercados que conseguem atraí-lo.

Os mercados financeiros também alimentam o investimento externo direto, imprimindo uma das características mais marcantes da mundialização do capital. A esfera financeira é o local "onde é mais gritante a defasagem entre as prioridades dos operadores e as necessidades mundiais", aponta Chesnais (p.239). A autonomia do capital adquirida em decorrência da financeirização da economia confronta as exigências da produção de bens e serviços, subordinando a esfera produtiva aos imperativos da busca de lucros desligada das necessidades da vida material. Nesse contexto, não são mais as exigências do setor produtivo que orientam a expansão capitalista, mas as necessidades de outra ordem, a financeira, comprometida com seu horizonte de lucratividade imediata, que é obtida principalmente por meio de operações de especulação com ativos financeiros.

O mercado de câmbio, detalha o autor, sofre valorizações e desvalorizações em um processo de circulação no mercado, que pode gerar conseqüências econômicas devastadoras. Uma delas é a redução da autonomia dos Estados nacionais, que passam a enfrentar restrições ao controle dos capitais financeiros e a sofrer as conseqüências de seu movimento indiscriminado. A fragilidade do Estado decorre, segundo Chesnais (p.287), da freqüência com que operações especulativas põem em xeque o poder de intervenção das nações sobre os mercados a fim de proteger sua moeda.

A crise asiática colocou na ordem do dia da pauta jornalística a fragilidade dos mercados financeiros e o enfraquecimento do poder dos Estados nacionais diante das crises de desvalorização das moedas.

A *Folha* analisa essa situação em editorial[12] que enfoca como a crise global estaria transformando-se em uma questão de Estado. No contexto, a promessa da China e do Japão de "liberalizar mercados e abrir seus sistemas financeiros" assumiria conseqüências objetivas: "supõe perda de soberania e redução do Estado". A questão envolveria "relações de poder como só foram vistas em momentos de deflagração ou superação de guerras mundiais". As alternativas eram insatisfatórias. De um lado estava "a desvalorização de ativos, que abala os países"; de outro, a "geração de déficits públicos para evitar o caos, ainda que jogando a conta sobre as gerações futuras", diz o editorialista. "O dilema parece ser entre uma recessão administrada e a desvalorização caótica da riqueza fictícia global."

Já o *Financial Times* levanta a possibilidade de estar em curso a redução da atividade econômica em nível mundial, em parte ligada à crise asiática, e exige a formulação de um novo formato para o FMI fazer frente às exigências de regulação impostas pela globalização financeira. As supostas falhas do sistema financeiro mundial seriam, então, em parte responsáveis pelo surgimento da crise asiática e, conseqüentemente, pela redução da atividade econômica mundial.

Assim, tanto a *Folha* quanto o FT apontam a necessidade de construir uma nova arquitetura do sistema financeiro internacional, capaz de minimizar a possibilidade de crises e trazer condições para o crescimento da economia, preferencialmente liderada por um "novo" FMI.

---

12 DIMENSÕES DA CRISE. *Folha de S.Paulo*, São Paulo, 25 nov. 1997. Editorial.

No entanto, o contexto construído pelo FT é ainda mais alarmante. Jeffrey Sachs, diretor do Institute for International Development da Harvard University, ataca o FMI em artigo publicado pelo veículo.[13] Para esse autor, um problema central na atuação do FMI é simplesmente a falta de transparência, que ele denuncia com indignação:

> É tempo de fazer um sério exame no Fundo Monetário Internacional. Nos últimos três meses, esta pequena e furtiva instituição tem ditado as condições econômicas de 350 milhões de pessoas na Indonésia, Coréia do Sul, Filipinas e Tailândia. Ela tem empregado mais de US$ 100 bilhões do dinheiro dos contribuintes em empréstimos.
>
> Estas operações de socorro, se manejadas incorretamente, poderiam acabar ajudando uma dúzia de bancos internacionais a escapar de perdas por empréstimos arriscados ao forçar governos asiáticos a cobrir as perdas em transações privadas que têm ido mal. Contudo, as decisões do FMI têm sido tomadas sem qualquer debate público, comentário ou escrutínio. Enquanto finge desejar "transparência", o FMI oferece virtualmente nenhuma documentação pública de suas decisões, exceto por umas poucas páginas em *press releases* que são privados de detalhes técnicos necessários a uma séria avaliação profissional de seus programas. Notavelmente, a comunidade internacional aceita este estado de coisas como normal.

Ora, dessa vez, o FT utiliza o prestígio de um reconhecido especialista no assunto para ajustar de forma específica uma esfera pública desfavorável ao FMI.

O recurso parece adequado neste caso. Sachs expressa uma perturbação possivelmente excessiva demais para um sisudo editorial, que assim deixa para outrem a tarefa de ir ao ponto de maneira tão corrosiva:

> O mundo espera para ver o que o Fundo vai exigir do país X, supondo que o FMI escolheu a melhor linha de ação. O mundo aceita como

---

13 POWER UNTO ITSELF: In this article, the Head of the Harvard Institute for International Development Explains why the IMF Needs Reassessment. *Financial Times*, 10 dez. 1997. Opinião.

normal a idéia de que detalhes cruciais dos programas do FMI devam permanecer confidenciais, mesmo que esses "detalhes" afetem o bem-estar de milhões. O *staff* do Fundo, enquanto isso, não presta contas de suas decisões.

O artigo de Sachs é emblemático porque traz críticas de diversos matizes ao FMI, expostas sem rodeios. Uma vez que o texto é assinado por alguém que não faz parte da equipe do jornal, pode ir a fundo em certas questões com uma liberdade raramente admitida em editoriais e artigos (porque os primeiros são a voz oficial do jornal, portanto, prezam a moderação; já os segundos são assinados por membros da equipe de articulistas do veículo, portanto, também precisam resguardar-se de visões mais polêmicas ou agressivas).

Sachs se mostra indignado com o desconhecimento, entre a população dos países socorridos, das condições pormenorizadas dos pacotes. E faz contas para mostrar o porquê de muitos erros do Fundo:

> As pessoas mais afetadas por essas medidas têm pouco conhecimento ou informação. Na Coréia, o FMI insistiu que todos os candidatos presidenciais imediatamente endossassem um acordo no qual eles não tiveram parte no desenho ou na negociação – e nenhum tempo para compreendê-lo.
>
> A situação está fora de controle. Por mais que o FMI seja útil para a comunidade mundial, desafia a lógica acreditar que um pequeno grupo de mil economistas na 19th Street em Washington deva ditar as condições econômicas da vida de 75 países em desenvolvimento com cerca de 1,4 bilhão de pessoas. Estas pessoas constituem 57% do mundo em desenvolvimento fora da China e da Índia (que não estão sob programas do FMI). Desde que talvez metade do tempo do FMI é devotado a estes países – com o resto atado à vigilância dos países avançados, administração, pesquisa e outras tarefas –, cerca de 500 do *staff* cobrem os 75 países. O que dá uma média de cerca de sete economistas por país.
>
> Alguém poderia suspeitar de que sete membros da equipe não seriam suficientes para obter uma visão muito sofisticada do que está acontecendo. Esta suspeita estaria correta. O FMI fez rapidamente um programa para a Coréia em poucos dias, sem profundo conhecimento do sistema financeiro do país e sem sutilezas sobre como aproximar-se dos problemas.

Outro indício do despreparo dos quadros do FMI citado por Sachs é relacionado ao suposto fato de que o Fundo, pouco antes de a crise ser detonada, ainda elogiava as políticas dos países que logo seriam vitimados:

> Considere o que o Fundo disse sobre a Coréia apenas três meses atrás em relatório anual de 1997. "Os diretores saúdam a impressionante *performance* macroeconômica constante [e] elogiam as autoridades pelos invejáveis indicadores fiscais." Três meses atrás não havia nenhum sinal de alarme, somente um pedido para mais reformas no setor financeiro, incidentalmente sem mencionar os *chaebol* (conglomerados), ou a questão da propriedade estrangeira dos bancos, ou da supervisão bancária que agora aparecem tão proeminentes no programa do FMI para a Coréia.
>
> No mesmo relatório, o FMI tinha isto para dizer sobre a Tailândia, naquele momento à beira de um abismo financeiro. "Os diretores elogiam energicamente a notável *performance* econômica da Tailândia e os consistentes indicadores de sólidas políticas macroeconômicas das autoridades."

E, quando os efeitos da crise asiática se mostraram persistentes, materializa-se no cenário construído pelo FT[14] a suspeita de que uma recessão da economia mundial poderia estar tomando forma, de certa maneira associada às conseqüências da crise asiática. É insinuada a possibilidade de que a economia global já estivesse em ritmo de desaceleração, que poderia culminar na instalação de um quadro recessivo.

De fato, o contexto recessivo que foi, afinal, verificado somente a partir de março de 2000, com a queda das ações das empresas de tecnologia, a chamada "nova" economia, já havia sido prognosticado dentro do cenário arquitetado pelo FT mais de dois anos antes.

---

14 SAME OLD IMF MEDICINE: Martin Wolf — The Fund's Prescription for South Korea is Mistaken. It Risks Sending the Corporate Sector into a Downward Spiral of Debt Deflation and Bankruptcy. *Financial Times*, 8 dez. 1997. Opinião.

Esse cenário é alimentado por artigos como o de Robert Reich, secretário do Trabalho no primeiro mandato de Bill Clinton.[15] O autor aponta a iminência de ciclo deflacionário e faz apelo ao FMI e aos governos dos Estados Unidos, Japão, Europa e Brasil para que deixem as austeras políticas monetárias e injetem recursos na economia. "Formuladores de política econômica têm combatido na última guerra por tanto tempo que eles não conseguem ver que estão prestes a entrar em uma batalha bem diferente no *front* oposto", diz Reich. O perigo que se aproxima, sublinha, é o de uma espiral deflacionária, extremamente perigosa:

> Preços em queda comprimem lucros, levando as empresas a reduzir salários e cortar empregos. Como resultado, os trabalhadores têm menos dinheiro para produtos e serviços, fazendo com que preços e lucros caiam ainda mais. O valor da propriedade adquirida com crédito declina até valer menos do que o débito devido, resultando em moratórias. Emprestadores são incapazes de fazer novos empréstimos. A crise se aprofunda.

E, segundo o autor, havia sinais de que o ciclo deflacionário já começara:

> Em 8 de janeiro, a Secretaria do Trabalho dos EU anunciou que os preços ao atacado haviam caído 1,2 por cento em 1997. O principal índice de inflação (que exclui energia e alimentos) mostrou o menor progresso desde que a secretaria começou a coletar os dados em 1974. Se, como muitos economistas admitem, dados oficiais exageram a inflação em cerca de um ponto percentual, a deflação já se iniciou.
> Uma ampla e não-coordenada contração global está a caminho. Nós estamos experimentando somente o começo.

A contração era visível no Japão, diz o autor. Em outras partes do mundo também, mas em certos casos o problema era alimentado

---

15 DEFLATION: The Real Enemy – Robert Reich – Policymakers should Forget Inflation and Focus on the Danger of Falling Prices and Demand. *Financial Times*, 14 jan. 1998. Opinião.

pela política econômica do governo. Curiosamente, nesse contexto, ele condena as medidas de contenção da demanda tomadas no Brasil:

> A demanda também está encolhendo na maior parte da América Latina. Em um esforço para preservar a confiança dos investidores, Fernando Henrique Cardoso, presidente do Brasil, aumentou de forma incisiva as taxas de empréstimos do banco central no último ano. O resultado tem sido o achatamento da demanda do consumidor no maior mercado da América Latina, com 160 milhões de pessoas.
>
> A contração do Brasil está fazendo ondas em muito do resto da América Latina, onde a austeridade econômica ainda está em voga. Salários reais estão caindo por todo o continente e a desigualdade está ampliando-se. A manutenção de demanda adequada requer uma grande e crescente classe média, a qual a América Latina pode estar em risco de perder.

É verdade que, além do Brasil, também a Europa poderia estar alimentando a deflação, segundo o autor: "A demanda também está enfraquecida na Europa ocidental. Déficits orçamentários estão sendo cortados para a qualificação para uma moeda comum daqui a um ano. Ao mesmo tempo, as taxas de juros européias permanecem relativamente altas".

Os Estados Unidos permaneciam empurrando a economia mundial para a frente, conforme Reich coloca, graças ao endividamento doméstico. No entanto, este já começava a declinar, segundo "evidências recentes". Assim, o apelo expresso é direto:

> As rígidas exigências para a qualificação à moeda única da Europa precisam ser reconsideradas à luz de um possível ciclo deflacionário. Igualmente, pode ser sábio usar os iminentes superávits orçamentários dos EU para cortes de impostos e gastos adicionais. O Japão deve investir em um pacote de medidas para estimular a demanda doméstica. E o FMI, enquanto continua a fazer empréstimos à Ásia condicionais à reestruturação financeira, deve moderar suas exigências por cortes agudos nos orçamentos públicos e altas taxas de juros diante das intensas forças de contração a caminho.

Já a *Folha*[16] critica as falhas do FMI na regulação do sistema financeiro com uma lógica de argumentação intrigante.

O jornal aponta que "o diretor-gerente do Fundo Monetário Internacional, Michel Camdessus, decretou 'o fim do modelo asiático' com a crise na região". Mas o veículo é cético quanto à sinceridade da declaração de Camdessus. A idéia exposta em editorial é a de que as crises financeiras possuem elementos comuns; não basta simplesmente enterrar a turbulência asiática no passado, sem tirar do episódio lições úteis para repensar o sistema financeiro internacional: "Deveria ser evidente que não há nas crises financeiras e cambiais da Ásia algo tão diferente de crises análogas que volta e meia abalam outras economias, industrializadas ou não", afirma o texto. No entanto, o jornal argumenta que, para o dirigente do Fundo, a atuação do FMI foi suficiente até ali, embora ao editorialista ela pareça irresponsável:

> O diretor-gerente do FMI daria uma contribuição maior ao desenvolvimento econômico não apenas ampliando a real capacidade de o órgão ser um credor de última instância, mas lutando por políticas que tornassem os surtos financeiros globais menos violentos e freqüentes.
> ...
> Ao menos por enquanto, Camdessus recusa-se a fazer essa reflexão.

A *Folha* alimenta o ataque ao FMI. O jornalista Clóvis Rossi pede[17] outro formato para o Fundo. Ele estranha a rapidez com que a instituição muda suas previsões de crescimento econômico e a critica por não ter previsto a crise asiática, concluindo: "Como somos os contribuintes dos países-membros que sustentamos uma estrutura que se revela inútil como mecanismo preventivo, não está na hora de pensar em algo que funcione um pouco melhor?".

---

16 O FMI E O MODELO ASIÁTICO. *Folha de S.Paulo*, São Paulo, 3 dez. 1997. Editorial.
17 ROSSI, Clóvis. O Fundo foi ao fundo. *Folha de S.Paulo*, São Paulo, 23 dez. 1997. Opinião.

Um editorial[18] da *Folha* aponta que a lentidão da burocracia da instituição tornava difícil acompanhar a velocidade dos fatos e assinala o problema das "profecias auto-realizáveis", isto é, alertas divulgados pelo Fundo que podem induzir ao pânico nos mercados financeiros. Embora essas falhas fossem até compreensíveis, segundo o editorialista, já estavam causando prejuízos demais:

> mesmo levando em conta as condições de atuação do Fundo, é o caso de perguntar se seu burocratismo e seu conservadorismo não foram longe demais.
> Afinal, semanas antes da crise asiática o Fundo elogiava a Tailândia. Agora, o FMI atualiza suas previsões, afirmando que a extensão da crise superou as expectativas.
> Seria talvez mais honesto admitir que, mesmo no início de outubro, quando a gravidade da crise já era evidente, o Fundo preferiu um discurso exageradamente otimista.
> Tudo não passaria de academicismo não fosse o FMI responsável por receitas de política econômica e pela liberação de recursos por vezes cruciais para economias em crise. A julgar pela trapalhada que o organismo assume, sem mais, ficam claras as tremendas dificuldades do exercício do penoso papel de xerife.

Para o *The Wall Street Journal*, inclusive, foram gritantes os erros contidos nas condicionalidades impostas aos países tomadores do dinheiro do FMI na Ásia. O jornal assinala que as populações daquelas nações ficaram descontentes com os acordos, e por diversas razões. Se, de um lado, seus governos aceitavam as medidas do Fundo, de outro, os governados pagavam a conta.

Embora, segundo o jornal,[19] as "difíceis medidas" da Tailândia para lidar com sua "economia quebrada" tivessem recebido a "bênção da administração Clinton, do Fundo Monetário Internacional e do Japão", elas certamente não estavam suscitando nenhum "entusi-

---

18 FMI, XERIFE MÍOPE. *Folha de S.Paulo*, São Paulo, 23 dez. 1997. Editorial.
19 THAILAND'S IMF SOLUTION. *The Wall Street Journal*, 8 ago. 1997. Editorial.

asmo" àquele país. Isso por causa das políticas monetária e de ajuste fiscal apertadas, potencialmente eliminadoras do crescimento.

"Infelizmente para os sitiados tailandeses, ambos os governos [Estados Unidos e Japão] estão tão fixados como o FMI na fórmula de aumento de impostos e corte do déficit em conta corrente", diz o WSJ. "O governo tailandês deve assumir sua culpa nesta enrascada, mas é difícil ver o benefício de medidas que vão quase com certeza retardar o crescimento econômico do país."

A maximização do risco moral é o principal problema trazido pela ação do FMI na Ásia. "Se você gostou do pacote de US$ 17,2 bilhões arranjado pelo Fundo Monetário Internacional para a perturbada economia da Tailândia, então tome nota agora da próxima crise econômica", sentencia o veículo em editorial.[20] "Nós não sabemos exatamente quando a crise virá, mas sabemos que o FMI simplesmente ajustou o cenário para a dramática expansão da escala de suas operações."

O jornal argumenta que os pacotes de ajuda que o FMI provê a economias em crise também ajudam os investidores que fizeram maus negócios no país, suprimindo o risco inerente às operações financeiras: "... não há um meio de socorrer países em crise econômica sem escorar alguns dos camaradas que fizeram maus investimentos lá".

O texto cita a posição aparente do governo dos Estados Unidos sobre a questão: os investidores devem enfrentar os riscos de suas operações porque são essas as regras do jogo, conforme afirma Robert Rubin, então secretário do Tesouro norte-americano, citado pelo editorialista. Se os investidores não sentem a dor de suas apostas precipitadas, são levados a repetir o erro, produzindo novas crises, portanto, gerando a necessidade de mais pacotes de ajuda às economias quebradas, em conseqüência de súbitas retiradas de capital. No entanto, segundo o jornal, Rubin diz não saber como resolver a questão.

---

20 BIGGER BAILOUTS. *The Wall Street Journal*, 25 set. 1997. Editorial.

O WSJ admite a conveniência dos pacotes de socorro financeiro porque eles podem prevenir o custo mais alto da quebra da "fina teia de confiança" que sustenta os sistemas bancários. No entanto, o editoral aponta que, para os magnatas de Wall Street e seus "asseclas" em todo o mundo, pacotes de socorro equivalem a um seguro grátis em suas aventuras mais arriscadas. E quem paga a conta seriam os contribuintes, em um arranjo chamado por um político republicano, citado pelo jornal, de "bem-estar corporativo".

O editorialista argumenta que uma solução provisória poderia ser dada pelo FMI, se este sinalizasse aos investidores que seria cada vez mais difícil obter esse tipo de socorro financeiro. Mas não era essa a mensagem que o FMI ou o Tesouro norte-americano estariam dando, aponta. O Fundo anunciara uma expansão de 45% em suas reservas. Com a contribuição dos Estados Unidos de US$ 14,5 bilhões, a soma atingiria US$ 285 bilhões, garantindo que a instituição estaria preparada para oferecer "novos e maiores pacotes de ajuda financeira".

Segundo um especialista citado pelo jornal, isso encorajaria as pessoas a ver o risco como algo que poderia ser negligenciado: "... se o Fundo figura como disponível para socorrer investidores privados com fundos públicos, é certo que isso vai ocorrer".

O texto também diz que, embora alguns burocratas alegassem não haver motivo de preocupação para os contribuintes, uma vez que os recursos transferidos ao FMI não seriam despesas do orçamento federal, mas somas emprestadas a países-membros a serem devolvidas, não havia garantia do reembolso. O jornal informa a existência de US$ 3 bilhões devidos por seis países, como Afeganistão e Iraque.

Mas o Congresso norte-americano ainda precisava aprovar a contribuição ao Fundo, destaca o veículo. E, antes de fazer o pedido, sustenta o editorialista, deveriam ser revistas as razões pelas quais o FMI foi originalmente estabelecido, em oposição ao papel para ele inventado hoje:

O FMI foi uma das instituições estabelecidas para promover paz e prosperidade no final da Segunda Guerra Mundial, com as Nações Unidas e o Banco Mundial. Em síntese, deveria ajudar a estabilizar o sistema de Bretton Woods de taxas fixas de câmbio, as quais, por uma geração, proporcionaram um quadro saudável de comércio e prosperidade.

No entanto, o texto argumenta que a morte do sistema de Bretton Woods deveria ter levado também ao fim do FMI. Mas a instituição ressurge, com propósitos diferentes, merecendo a condenação do editorialista:

> Quando Bretton Woods ruiu em 1971, logicamente o FMI deveria ter sido engavetado também. Ao invés, assim como as burocracias, ele evoluiu e cresceu. Nestes dias, sob a zelosa liderança do diretor-gerente Michel Camdessus, o FMI incita desvalorizações aqui e flutuações acolá – políticas que vão manter o Fundo ocupado com empréstimos por um longo tempo.

Em síntese, o jornal considera o desempenho atual do Fundo na economia mundial uma interferência indesejável. A função para a qual a instituição foi criada teria perdido razão de existir. Hoje, enquanto atua como "emprestador de última instância", o FMI invalidaria regras clássicas do mercado de capitais e transferiria dinheiro público para investidores privados, segundo a ótica construída pelo editorial.

No contexto criado pelo WSJ, a reprovação ao FMI está ligada à crença da intromissão indesejável da instituição no mercado financeiro. Ao mesmo tempo que recrimina o Fundo, o texto exalta as vantagens trazidas pela liberalização das finanças:

> Com perspicácia, políticas de mercado livre e um pouco de sorte, os fluxos globais de investimento vão continuar a crescer, e os mercados emergentes vão se transformar em vasta riqueza para muitos daqueles que nunca tiveram chance antes. Mas, para isso acontecer, os investidores precisam de incentivos para tomar sábias decisões sobre o valor real do que estão bancando, não de sinais, vindos do FMI, de que pacotes de socorro de governos crescem como grama.

De fato, o contexto criado pelo jornalismo de opinião de *The Wall Street Journal* é extremamente desfavorável ao FMI. E a perspectiva crítica se divide em três aspectos essenciais: de um lado, as políticas sugeridas pelo Fundo são consideradas ineficientes ou simplesmente equivocadas; de outro, a instituição é acusada de bancar prejuízos causados por jogadas de investidores incautos, semeando mais imprudência; por fim, a função de um FMI interventor é rejeitada porque representaria intromissão indesejável no mercado.

Além disso, as falhas na atuação do Fundo também teriam, para o WSJ, ligação com o esgotamento da liderança dos Estados Unidos na manutenção de um ambiente favorável à expansão da economia. Em editorial,[21] o veículo critica a falta de liderança por parte dos Estados Unidos e do FMI na manutenção de um sistema monetário sólido, imprescindível à expansão da economia, e aponta indícios de um suposto descontrole sobre os instrumentos que proporcionariam a estabilidade monetária:

> Na tentativa desajeitada de explicar a carnificina de ontem nos mercados de ações em escala mundial, incluindo o mergulho de 7,2% do Dow Jones Industrial Average, começa a parecer como se os próprios mercados estivessem em terapia. Depois de um ataque no qual o presidente do Tesouro dos Estados Unidos, Alan Greenspan, no ano passado, invocou a "exuberância irracional", alguns analistas sugerem que as ações atingiram uma mancha de "histeria irracional". Outros dizem que o que sobe precisa descer. O porta-voz do presidente Clinton, Mike McCurry, disse a um mundo ansioso que apenas "respire fundo" e relaxe porque "o Presidente está confiante de que os fundamentos da economia americana estão fortes".

O editorialista assinala coincidências entre a crise atual e aquela ocorrida em 1987, tida na época como um fato inexplicável, embora as causas pudessem ser encontradas em uma análise posterior mais acurada:

---

21 MARKET INTERCONNECTIONS. *The Wall Street Journal*, 28 out. 1997. Editorial.

Em 1987, o colapso dos mercados em todo o mundo sugeriu que as explicações domésticas simplesmente não seriam sustentadas. Desta vez, o *crash* começou como uma crise regional e séries de desvalorizações competitivas no Sudeste Asiático. A reação nos EU veio quando as preocupações embutidas em incertezas sobre o valor das moedas brotaram acima do *bath*, da Tailândia, ou do *ringgit*, da Malásia, especialmente em Hong Kong – o único no Sudeste Asiático que, interessado em preservar suas vantagens, ainda defendia as promessas que fez aos investidores sobre o valor de sua moeda.

A situação então vivida no Sudeste Asiático motivava inquietações, uma vez que a experiência histórica mostrava quão fragilmente o mercado podia sucumbir a movimentos especulativos:

> Lembre-se de outubro de 1987, com o mundo em direção a uma "Segunda-feira Negra". Os EU estavam em uma rusga com alguns membros do Grupo dos Sete, particularmente a Alemanha, sobre quais deveriam ser os valores relativos de suas moedas. Houve alguma medida de acordo sobre as taxas de câmbio nos famosos encontros de Plaza e Louvre. Mas não houve acordo sobre quem deveria ajustar-se para defender estas taxas, se os EU ou a Alemanha. Em um domingo, o secretário do Tesouro, James Baker, apareceu em uma coletiva de imprensa dizendo que não haveria cooperação. Na manhã seguinte o mercado de ações explodiu.

Na época, sustenta o editorialista, foi mais uma vez revalorizada a ação dos Estados na preservação da estabilidade monetária:

> Na perspectiva de hoje, o *crash* de 1987 parece uma pequena luz no radar, mas de fato os mercados permaneceram irritados até o fim do ano. Na primeiro dia comercial de 1988, os bancos centrais mundiais organizaram uma intervenção maciça para dar suporte ao dólar. A cooperação na taxa cambial estava de volta aos negócios, e os preços das ações começaram a se recuperar, finalmente atingindo as altas deste ano.
>
> A lição aqui é que na altamente integrada economia mundial que vem enriquecendo o mundo, a roleta cambial tem o potencial para o desastre. ... os mercados precisam de uma garantia de que alguém tem um olho na todo-poderosa questão da liquidez. No mundo de hoje, é claro, ninguém controla com precisão ou mesmo avalia quanto dinheiro uma

economia integrada precisa na forma de dólares, *yens*, marcos ou *ringgits*. No entanto, rusgas entre bancos centrais, como nas desvalorizações competitivas de 1930, têm um grande potencial para dar a resposta errada à esta questão. Este é o perigo real que os mercados sentiram em 1987, e sem dúvida o mesmo perigo eles sentem agora.

No entanto, aponta o texto, a garantia da qual o mercado precisava era difícil de encontrar no momento. Em vez de dar suporte ao valor das moedas, as autoridades norte-americanas estariam abandonando o mercado à sua própria sorte, sugerindo justamente desvalorizações em políticas equivocadas. A crítica feita pelo texto é aguda e irônica:

> O secretário do Tesouro, Robert Rubin, tem simplesmente transferido a liderança ao Fundo Monetário Internacional e Banco Mundial. O que estas instituições prescrevem raramente está claro, mas o FMI é largamente visto como uma força para desvalorizações.
>
> ...
>
> Dado que na administração dos EU o presidente calcula que a cura para as convulsões do mercado de ações seja respirar fundo, e o secretário do Tesouro, Rubin, pensa que a resposta é o FMI, o mundo está à procura de um líder financeiro.

A ausência de liderança estaria também ligada a fatos obscuros da relação entre os Estados Unidos e a Ásia. Um fato pouco conhecido a esse respeito é apresentado pelo *The Wall Street Journal* em editorial[22] que tece ironias sobre o suposto destino do pacote de socorro destinado à Indonésia.

Afirma o jornal que seriam resgatados pelo dinheiro do FMI alguns empresários daquele país protegidos pelo Estado com favores espúrios, exemplo típico do capitalismo de compadres, em que interesses privados exercem influência de forma escusa sobre integrantes de um governo. Entre esses empresários estaria a família de James Riady, proprietária do maior conglomerado do país, o Lippo Group,

---

22 A RIADY BAILOUT? *The Wall Street Journal*, 10 out. 1997. Editorial.

e autora de doações à campanha eleitoral de Bill Clinton. O texto, então, compara a relação espúria entre Estado e iniciativa privada que imperaria na Ásia com aquela que existiria nos Estados Unidos, uma vez que a controversa doação de campanha poderia ter resultado justamente no suporte do FMI à família Riady, entre os empresários indonésios escorados pelo pacote de socorro da instituição:

> Agora vem a Indonésia, o lar de alguns bilionários que foram responsáveis por um certo tumulto no sistema político americano. Naturalmente, o Lippo Group, da família Riady, não só é o maior conglomerado indonésio, ou o mais poderoso.
>
> ...
>
> Nunca é difícil, de fato, ver um empréstimo do FMI como um meio de financiar a revoada de capitais dos manda-chuvas locais. Uma maneira de tornar a questão mais clara é desenhar a visão extrema. Neste juízo, o dinheiro flui deste jeito: dos contribuintes dos EU para o FMI, do FMI para os Riadys, dos Riadys para a campanha de Bill Clinton.

No contexto construído pelo WSJ, a suposta falha moral de Clinton seria demonstrada pela existência da doação ilegítima à sua campanha eleitoral. Além disso, a existência dessa falha levantaria dúvidas sobre a capacidade de o presidente norte-americano lançar mão, por meio da atuação do FMI, de políticas mais coerentes na ótica do jornal, em vez dos tradicionais convites às desvalorizações cambiais e pacotes de socorro que reduziriam as perdas de investidores imprudentes:

> Agora, poderia não ser totalmente justo atormentar todos na Indonésia pelas transgressões de seu posto avançado em Arkansas. Na verdade, o cinismo sobre os pacotes de socorro à Indonésia é uma das coisas que acontecem quando o presidente dos Estados Unidos sofre um vácuo de confiança.

Em outro editorial,[23] o WSJ condena a falta de transparência das políticas definidas pelo FMI, argumentando que o segredo que as

---

23 MONETARY LEADERSHIP. *The Wall Street Journal*, 3 nov. 1997. Editorial.

cerca serviria justamente para encobrir a falta de competência da instituição em sua formulação: "Que conselho ela deu à Tailândia antes da desvalorização do *baht?*", questiona o editorial. "Ela se surpreendeu quando as desvalorizações se espalharam através da Ásia, incluindo Taiwan, em todos os lugares?"

O texto cita frase do então secretário do Tesouro dos Estados Unidos, Robert Rubin, que teria justificado a necessidade do pacote de socorro à Indonésia. Rubin teria alegado que o dinheiro poderia remediar a suposta perda de confiança dos investidores nos mercados asiáticos e conter a crise. No entanto, critica o texto, a atuação do FMI apenas teria servido para ampliar ainda mais a perda de confiança. Ao mesmo tempo, a incompetência do Fundo poderia ser explicada pelo vazio deixado pela ausência de liderança norte-americana, envolvida em acontecimentos de legitimidade duvidosa:

> Agora, várias coisas ocorrem a nós. Primeiro, um grande fator para a perda de confiança e para o contágio é a percepção em escala mundial de que o FMI está sempre incitando alguém a desvalorizar, em seguida correndo para curar os problemas resultantes com aumentos de impostos. Segundo, o sistema monetário internacional está em crise devido a uma falha da liderança dos EU. Terceiro, enquanto o sr. Rubin pode ser chamado a explicar, não é realmente justo culpá-lo. Recentemente, o único ator econômico mundialmente importante é o presidente dos Estados Unidos. A crise asiática é uma manifestação dos perigos de conduzir os assuntos da presidência americana à maneira de Bill Clinton nos últimos cinco anos.

A associação entre o capitalismo de compadres na Ásia e nos Estados Unidos é feita mais uma vez pelo WSJ de forma contundente. O editorial enfatiza quão prejudicial pode ser para a economia mundial a ligação espúria entre Estado e capital, e assinala que, infelizmente, os Estados Unidos não poderiam dar um exemplo melhor aos países asiáticos:

> O socorro à Indonésia é um caso pungente, já que tem estado muito no noticiário político recente dos EU. Os problemas da economia indonésia têm pouco a ver com seus balanços comerciais, ajudados pelo pe-

O FMI SOB ATAQUE   151

tróleo, e muito a ver com cabides de emprego patrocinados pelo Estado, notavelmente planos grandiosos para desenvolver indústrias locais aeroespaciais e automotivas. Há notícias do iminente anúncio de que o filho mais jovem do presidente Suharto está sendo removido da presidência de uma empresa de carros, PT Timor Putra Nasional. A questão do dia é: o presidente Clinton é o homem com a autoridade moral para dizer ao presidente Suharto que demita seu filho?

O mecanismo por meio do qual opera a ligação ilegítima entre Estado e capital é conhecido, diz o texto, deixando implícita a associação entre o capitalismo dos compadres asiático e norte-americano:

> O problema endêmico é o capitalismo de compadres. É um sistema governado por pessoas de dentro em benefício de pessoas de dentro. Políticos e oficiais do exército controlam os portões das instituições econômicas nacionais e as dirigem de maneira a garantir que alguns investidores privados se saiam vencedores. Os investidores retribuem nas toleradas eleições com um pouco de ação ou pagamentos diretos.

O texto admite que essa maneira de conduzir negócios é muito comum em todo o mundo, revelando-se quase instintiva. Mas Clinton, evidentemente, não estaria autorizado a agir assim:

> Quando você é presidente dos Estados Unidos, no entanto, tais escolhas têm o efeito de bumerangue, e o preço é pago pelos contribuintes americanos e por um monte de pessoas inocentes em todo o mundo. De maneira não limitada, isto é o que os mercados internacionais estão nos dizendo hoje.

Dessa forma, o jornal considera que a atuação do FMI baseada em convites à desvalorização e pacotes de socorro é um sinal da falta de liderança norte-americana no estabelecimento de um ambiente de estabilidade propício ao crescimento. O Fundo teria simplesmente abandonado a função de prover estabilidade monetária, argumenta o veículo,[24] agindo de forma a estimular um fenômeno tido como um dos mais prejudiciais à economia mundial:

---

24 ASIA'S CHAIN REACTION. *The Wall Street Journal*, 12 nov. 1997. Editorial.

Nós temos aqui um fenômeno que os economistas chamam de desvalorização competitiva, na qual países tentam manter-se na concorrência erodindo seu próprio dinheiro – um processo que destrói a confiança vital ao funcionamento dos mercados.

O equívoco é a noção de que as desvalorizações tornam um país mais competitivo. Elas podem fazê-lo brevemente, do jeito que a morfina não deixa você sentir dor. Mas você não pode melhorar os termos comerciais reais simplesmente através da mudança da unidade de cálculo. Há efeitos concomitantes que compensam qualquer chute inicial, além de provocar danos. As desvalorizações tornam mais caras as importações, que são o resultado real de exportar. Ultimamente, as desvalorizações produzem inflação. E o mais crucial para a Ásia, elas erodem a credibilidade. Homens de negócio fazem acordos confiando em um ajuste de termos e encontram-se abruptamente selados com outros. Eles dirigem-se às saídas.

Assim, em vez de pacotes de socorro que promoveriam ainda mais instabilidade, uma abordagem diferente é exigida pelo jornal. E o cenário veiculado pelo WSJ exerce clara pressão pelo direito de influenciar as escolhas do Fundo, uma vez que a instituição é apoiada por dinheiro público.

No entanto, as decisões do FMI permaneciam encobertas. Em editorial,[25] o veículo analisa o desempenho econômico da Tailândia e da Coréia do Sul, países que tinham acabado de ser socorridos pelo Fundo, sem que sua economia mostrasse quaisquer sinais de recuperação. Pelo contrário, afundava ainda mais, segundo o texto. O editorialista questiona, então, de onde teria saído a *expertise* que ajudara a instituição a compor fórmulas tão falhas, concluindo: trata-se de um mistério. A instituição permaneceria como uma das mais secretas:

> Bem, como todo o mundo até agora parece estar dizendo que o que realmente é necessário na moderna economia global é mais "transparência", nós temos uma proposta: alguém deveria tirar o véu do FMI.

---

25 FIRST, UNCLOAK THE IMF. *The Wall Street Journal*, 21 nov. 1997. Editorial.

O Fundo tem representantes que trabalham dentro ou com os bancos centrais de várias nações em problemas em todo o mundo, e envia adiante times errantes de analistas, conselheiros e supervisores. Mas o que eles fazem, ou aprendem, ou o que exatamente guia suas decisões é em grande parte mantido em segredo. Por toda parte, o FMI tem se movido por décadas dentro de uma neblina sem registro de deliberações internas e discussões fechadas.

E o que emerge nestes dias dos conclaves do FMI é, para dizer o mínimo, confuso.

...

Como o Fundo decide em um caso determinado ninguém sabe. Eles o fazem com quadros de dardos? Dados? Computadores? O diretor-gerente Michel Camdessus joga uma moeda para cima?

...

Embora seja, em último caso, o dinheiro dos contribuintes que o FMI põe em linha nestes pacotes de socorro, o Fundo não revela o toma-lá-da-cá dos pacotes em prospecção. Nem dá uma pista do imenso universo sobre quais debates ocorreram dentro do próprio Fundo.

A saída talvez fosse, para o *The Wall Street Journal*, um mundo sem o FMI. É o que afirma o articulista do jornal, George Melloan.[26] Para o autor, condenar as funções desempenhadas pelo Fundo significa defender a restituição, ao mercado, do poder de regulação da economia pelo próprio mercado.

Antes de examinar as proposições de Melloan, vale retomar um dos alicerces da idéia de mercado que parece dar sustentação ao ataque do WSJ ao FMI.

Conforme enfatiza Rosanvallon (2002, p.104), um dos deveres historicamente atribuídos ao Estado liberal é justamente a defesa do mercado. Nesse contexto, o poder instituído "deve proteger, tanto quanto possível, cada membro da sociedade contra a injustiça e a opressão de qualquer outro membro da sociedade por meio de uma administração exata da justiça". Esse dever é prioritário para um

---

26 MELLOAN, George. Would Credit Markets Work Better without Bailouts? *The Wall Street Journal*, 9 dez. 1997. Opinião.

Estado de Direito que se erige como defensor do liberalismo econômico: "a igualdade diante da justiça é um meio necessário para a realização de uma sociedade de mercado". Dessa forma, o Estado liberal deve contar com instituições dirigidas à missão de "construir e preservar o mercado" (p.105).

Ora, apesar de constituir-se como instituição mantida por Estados liberais, o FMI estaria contrapondo-se exatamente a uma função que a história do capitalismo teria consagrado como uma das mais importantes para o Estado. Ao menos esse é o contexto subjacente ao cenário veiculado pelo WSJ. Ou seja, em vez de administrar a justiça entre os participantes do mercado, o FMI agiria para distorcê-la, dando tratamento diverso a iguais competidores – distribuindo, afinal, com os pacotes de socorro, privilégios a determinados credores, e compensando-os por suas imprudências.

Ainda é possível comparar, de certa forma, os privilégios recebidos pelos credores resgatados por dinheiro do FMI com as vantagens naturalmente advindas do monopólio, outra situação em que o Estado se revela falho na missão de preservar as forças de mercado. Rosanvallon (p.88) sublinha que a idéia da "mão invisível" não significou, mesmo no contexto de seu surgimento, o abandono do mercado a sua própria sorte. Ao contrário, a defesa do liberalismo econômico implica o fortalecimento do Estado para garantir a igualdade entre os concorrentes. O risco sempre mostrou-se grande; os monopólios "desordenam a distribuição natural do capital da sociedade" e "reduzem a riqueza nacional". Além disso, o monopólio afeta o direito de propriedade, pilar da idéia de sociedade de mercado. Nesse ponto, a ação monopolista se confunde, diz o autor (p.89), com o despotismo: ambos cerceiam a liberdade de ser proprietário e, embora possam ser vantajosos para uns ou outros capitalistas, prejudicam a afirmação dos interesses de todos os outros participantes do mercado.

Enfim, a sociedade de mercado exige, nesse contexto, instituições determinadas a preservá-la. É preciso, para criá-las e mantê-las, um Estado forte, capaz de enfrentar as pressões que tentam capturá-lo a fim de obter privilégios. E o FMI revelava-se, conforme o

WSJ, não um defensor das regras do mercado, mas justamente um corruptor desses princípios, enfraquecido e submetido aos interesses particulares de emprestadores imprudentes. Voltemos ao texto de Melloan. O articulista do WSJ caracteriza os instrumentos pelos quais o mercado é bem-sucedido ao proporcionar a liquidez necessária à expansão da economia e, ao mesmo tempo, controlar o risco do aumento da inflação, por meio da precificação do crédito. Nessa visão, o próprio mercado tenderia a controlar o crédito a fim de evitar o superaquecimento da demanda, enquanto o Estado simplesmente endossaria a tendência, estabelecendo taxas de juros de curto prazo adequadas. O autor cita, então, dois fatos que dão suporte à tese de que o fortalecimento do próprio mercado se encarrega de conter o excesso de liquidez na economia:

> É verdade que, enquanto as barreiras nacionais aos fluxos comerciais e de capitais têm sido reduzidas perto da última década, a inflação tem caído a níveis administráveis na maioria dos países industrializados. Na verdade, há algum medo da deflação resultante das grandes perdas de liquidez através da queda dos valores das ações na Ásia nos últimos meses.

Melloan analisa também o papel dos bancos centrais nesse movimento. Eles devem subordinar-se ao rumo do mercado, argumenta o articulista, sob pena de, ao tentarem estimular o desenvolvimento por meio da provisão excessiva de liquidez, desencadearem operações de alto risco. Se estas dominarem o cenário econômico em um dado momento, então a interferência dos bancos centrais terá suprimido o potencial disciplinador do mercado, e surgirá a oportunidade para crises financeiras:

> Mas como o mercado não preveniu as nações asiáticas, começando pelo Japão, de cometer os excessos de crédito que têm causado tantos problemas para os seus setores financeiros? Pode-se argumentar que, na ausência do "risco moral" representado pela presença benevolente de um Ministro das Finanças no Japão e de agências governamentais igualmente maternais em toda parte da Ásia, os bancos teriam ficado com mais medo do risco e as forças de mercado de fato teriam sido capazes de fazer seu trabalho.

"O que nos traz ao Fundo Monetário Internacional", continua o autor. A questão é julgar se a Ásia estaria melhor sem o Fundo:

> A Ásia teria se saído melhor se não houvesse FMI à vista oferecendo crédito? É totalmente possível que sim, se essa ausência aumentasse a percepção do risco. É curioso que o dinheiro foi despejado na Tailândia depois que se sabia bem que a bolha de preços dos imóveis estava começando a desinflar. Houve obviamente uma falha do mercado em algum lugar, se o mercado não estava avaliando adequadamente os riscos de continuar emprestando aos bancos tailandeses. Talvez o governo tailandês devesse ter sido abandonado para descobrir por ele mesmo como lidar com seu problema. E talvez os grandes credores internacionais dos bancos tailandeses tivessem aprendido uma valiosa lição do mercado se eles tivessem sido forçados a dar um banho em seus empréstimos. A Tailândia talvez não tivesse sido tão rápida na desvalorização de sua moeda se tivesse enfrentado a necessidade de um financiamento privado de suas carências, em vez de contar com o FMI. Certamente, há pouca evidência de que a desvalorização, incitada pelo FMI, tenha sido a melhor solução para o problema.

De fato, as chamadas "forças de mercado" são continuamente saudadas pelo jornalismo de opinião do WSJ, enquanto o FMI é sucessivamente criticado por intervir de forma a eliminá-las. Em editorial,[27] o jornal simplesmente afirma que o governo norte-americano deveria "respeitar" mais os mercados. O texto assinala as causas do progresso capitalista, associando-as à liberdade de movimentação de capitais:

> Perto dos últimos 15 anos, a economia global evoluiu para um mercado em que o capital flui em um volume e velocidade que excedem qualquer coisa com a qual o mundo lidara antes. Esta é uma força de grande valia, alocando ações em médias mais eficientes do que nunca, com a promessa de entregar um mundo mais rico do que qualquer um jamais imaginou. Mas isto somente é permitido se o mercado funcionar.

---

27 $ 18 BILLION FOR THE IMF? *The Wall Street Journal*, 4 fev. 1998. Editorial.

Assim como os mercados crescem, o FMI tem mostrado um crescente desejo de intrometer-se – levando ao atual pacote de socorro, liderado pelo FMI, de US$ 118 bilhões para a Ásia. Mais alarmante é que os pacotes de socorro do FMI convidam os investidores a especular de forma imprudente em aventuras excessivamente arriscadas, contando com o próximo pacote de socorro. Isto garante que a economia mundial vá eventualmente se encontrar em uma crise em escala muito grande.

O texto ainda repete os argumentos já colocados por outros editoriais antes discutidos, como o equívoco das desvalorizações incitadas pelo FMI e a falta de transparência da tomada de decisões dentro da instituição, e conclui com a recomendação: Clinton precisa entender que "os mercados demandam respeito".

Nesse contexto, a própria função do Fundo é questionada. Em outro editorial,[28] o jornal comenta a resistência do Congresso em aprovar o aumento dos fundos do FMI, e diz que a atitude cautelosa dos parlamentares é uma conseqüência natural diante do desvirtuamento das funções da instituição: "Isto é o que acontece quando instituições criadas para cumprir sérias responsabilidades – como o FMI – deixam suas missões básicas e começam a usar dinheiro do contribuinte para reestruturar o universo conhecido".

A forte condenação aos métodos e à falta de transparência do FMI leva o WSJ a criticar até quanto ganham os burocratas da instituição. Em editorial,[29] o jornal informa os salários médios da equipe do FMI e lamenta o fato de eles não pagarem impostos, em um jogo de estilo no qual a ironia é a chave para sugerir quão absurda viria a ser a incompetência dos quadros da instituição: "Michel Camdessus, que está pedindo ao contribuinte norte-americano frescos US$ 18 bilhões para o Fundo Monetário Internacional, pessoalmente leva US$ 224.650 por ano como líder do augusto órgão".

O texto então compara o valor com outros salários importantes dos Estados Unidos, evidenciando o grau de isolamento do Fundo:

---

28 WHAT'S AN IMF FOR? *The Wall Street Journal*, 6 abr. 1998. Editorial.
29 THE IMF WRINKLE. *The Wall Street Journal*, 10 abr. 1998. Editorial.

"O presidente dos Estados Unidos é pago com US$ 200.000. Um congressista que vota no pacote do FMI ganha US$ 136.673".

E o pior, segundo o texto, é que os integrantes do *staff* do FMI estavam livres de pagar impostos sobre seus salários, ao contrário do presidente e dos parlamentares.

O fato é que, conforme o editorial, as duras políticas impostas pelo FMI não afetavam a equipe do Fundo, mas principalmente os "distantes camaradas que têm que pagar por seu pão diário com a desvalorizada rúpia e pagar impostos mais altos sob os programas do FMI em Jacarta". Além disso, "se os formuladores de políticas no FMI tivessem um pouco de seu próprio bolso em risco", seriam mais cautelosos antes de pressionar por "impostos mais altos" e "pacotes de socorro maiores".

De fato, a perspectiva de desqualificação do FMI construída pelo jornalismo de opinião do WSJ é ampla. Em editorial,[30] o jornal chega a acusar a instituição de ter causado a crise asiática, rejeitando veementemente a idéia de o Congresso norte-americano dar-lhe mais fundos.

Esse texto também se revela especialmente crítico, satirizando o aparente estado de confusão do diretor-gerente do FMI: "O sr. Camdessus notou que os deslizamentos cambiais no Extremo Leste 'adquiriram um caráter quase autoperpetuador' e perguntou 'como isso pôde acontecer?'". A resposta do veículo é direta. "Nós sugerimos que o sr. Camdessus consulte o espelho na parede. O FMI disparou esta crise ao incitar a Tailândia a desvalorizar, depois promoveu o contágio ao incitar todos os outros a fazer o mesmo."

Além disso, segundo o articulista do WSJ, George Melloan,[31] o povo indonésio teria razões de sobra para rejeitar as políticas impostas pelo FMI, uma vez que a instituição teria endossado os objetivos de uma política governamental que preservaria os interesses não da

---

30 THE IMF CRISIS. *The Wall Street Journal*, 15 abr. 1998. Editorial
31 MELLOAN, George. Indonesia Faces a Long Road to Recovery. *The Wall Street Journal*, 21 abr. 1998. Opinião.

população, mas da família Suharto e de seus protegidos. O autor analisa as alternativas à desvalorização incitada pelo FMI (encolhimento da oferta de moeda e aumento dos juros) e argumenta que, embora elas não fossem perfeitas, trariam menos sofrimento:

> Em resumo, o banco central estava mais interessado em proteger seus bancos e os interesses da família Suharto do que proteger o povo indonésio. Ele certamente não foi desencorajado nessa abordagem pelo Fundo Monetário Internacional, o qual é institucionalmente inclinado para a desvalorização como uma panacéia financeira. Se as pessoas na Indonésia se ressentem da maneira com a qual todo o caso tem sido gerenciado, elas têm excelentes razões.

Segundo o WSJ,[32] o país asiático estaria atolado em revolta política, indiretamente fomentada por políticas incitadas pelo Fundo:

> Cerca de 500 indonésios morreram nos distúrbios dirigidos, assim nos foi dito, a remover o presidente Suharto. Mas algo estranho ocorreu quando o presidente Suharto retornou do Exterior e reverteu os aumentos dos preços dos combustíveis impostos pela direção do Fundo Monetário Internacional, e os distúrbios cessaram.

É verdade que as marcas crônicas do regime corrupto de Suharto foram esquecidas interna e externamente quando o país conheceu a prosperidade, afirma o texto: "Com taxas de crescimento real de 8%, a prosperidade alcançou tanto as ruas quanto os compadrios familiares, e o nepotismo e o autoritarismo foram perdoados".

Mas o veículo enfatiza que os conflitos populares daquele momento não estavam sendo causados pela ira do povo contra o favorecimento espúrio de famílias ou políticos. Na verdade, a revolta era motivada pela insatisfação com a volta da inflação ao país. E o FMI assumia papel crucial nesse contexto arquitetado pelo WSJ:

---

32 THE IMF IN ACTION. *The Wall Street Journal*, 19 maio 1998. Editorial.

O ímpeto para protestar e queimar na Indonésia não vem da corrupção, mas da inflação – primeiro o impulso dos preços de energia, e potencialmente em demonstrações adicionais agendadas para a quarta-feira do "Dia Nacional do Despertar", e dos aumentos, em gestação, dos preços dos alimentos. A inflação foi causada quando a Indonésia, seguindo a cartilha do FMI, flutuou a rúpia, que rápida e previsivelmente afundou. Em termos aproximados, uma desvalorização de 50% causará inflação de 100%.

O jornal explica os mecanismos que entraram em ação daí em diante, inflando os preços de forma inelutável, e utiliza colocações que retratam de maneira caricata a relação entre as nações tomadoras de dinheiro do FMI e a própria instituição. No caso dos combustíveis, por exemplo, o jornal pondera que, embora a Indonésia fosse grande exportadora de petróleo, esse produto é precificado em dólares no mercado internacional. Assim, diante da desvalorização da rúpia, o governo seria forçado a subsidiar os preços internos do petróleo a fim de evitar altas muito fortes. No entanto, esse tipo de subsídio é "estritamente proibido pelas regras do FMI para as nações mendicantes". Resultado: os preços aumentaram 70%, causando mais revolta popular e conflitos de rua.

E o pior, segundo o WSJ, é que a inflação acabaria atingindo os salários, especialmente dos indonésios com "menor poder de barganha". Assim, os saques realizados pelos pobres seriam "moralmente justificados", uma vez que tudo seria causado pelo FMI. O veículo imputa ao Fundo a responsabilidade inicial pela tragédia: "O colapso do *baht* tailandês provocou uma corrente de desvalorizações competitivas, com o encorajamento do FMI, agora conhecida como crise asiática".

O jornal é contundente ao sugerir em editorial[33] que mesmo um dos fatores tradicionalmente favoráveis ao FMI, ou seja, o fato de a

---

33 FOCUSING THE IMF DEBATE. *The Wall Street Journal*, 7 maio 1998. Editorial.

instituição preservar interesses norte-americanos, já não se sustenta em face da sua flagrante incompetência.

De um lado, o editorialista aponta as razões pelas quais o Tesouro dos Estados Unidos sai fortalecido se o Congresso aprovar a nova cota para o FMI: a vantagem estaria em poder ditar as principais ações da instituição. No entanto, afirma o texto, não se sabe qual é o benefício desse poder, uma vez que o FMI erra tanto que deveria ser fechado:

> O Tesouro dos EU provê a parte do leão em moeda sólida para o FMI. E em troca – como é bem conhecido no Fundo, em Wall Street e nas capitais das principais nações clientes do FMI – o Tesouro comanda as principais jogadas do FMI. Em decorrência, o secretário do Tesouro estaria impaciente para dar suporte a mais dinheiro ao FMI – um dinheirão fora do orçamento que intensificaria o alcance global do próprio sr. Rubin.
>
> ...
>
> O sr. Rubin tem sido menos que claro até agora ao explicar ao Congresso e aos eleitores dos EU alguns dos mais difíceis assuntos que cercam o dinheiro fresco e um papel maior para o FMI. Este é um debate no qual alguns dos talentosos arquitetos da moderna política financeira têm alertado que o FMI faz mais mal do que bem, e deveria ser pelo menos monitorado mais de perto, ou talvez inteiramente fechado.

De fato, esse cenário é contundente e contrasta com a perspectiva criada pelo jornalismo de opinião do *Financial Times*, antes analisado. O veículo britânico detalhou as razões pelas quais o Congresso norte-americano deveria votar a favor de mais fundos ao FMI, concluindo que a manutenção da influência dos Estados Unidos sobre a instituição valeria a aprovação da transferência de mais dinheiro ao Fundo. Já o editorial do WSJ comentado anteriormente ironiza o valor dessa liderança, uma vez que o FMI, segundo a ótica construída, é "ineficaz, desnecessário e obsoleto", nas palavras de burocratas citados pelo texto, porque "as promessas dos pacotes de socorro do FMI isolam financistas e políticos das conseqüências de suas más práticas econômicas e financeiras e encorajam investimentos que, de outra forma, não teriam sido feitos".

O editorial do WSJ afirma que essa visão crítica está cristalizada no debate sobre o futuro do FMI e enumera importantes políticos alinhados a ela. Dessa maneira, conforme o texto, antes de o Congresso injetar mais dinheiro na instituição, o debate deve ganhar a devida relevância. No entanto, alerta o editorialista, a decisão sobre o que deve fazer o FMI não pode levar em consideração "esperanças e sonhos" das 182 nações-membros do Fundo, mas recair sobre o Tesouro dos Estados Unidos.

Assim, a influência exercida pelos Estados Unidos sobre a atuação do FMI é assumida mais uma vez com clareza, a exemplo do que ocorre em diversos textos do jornalismo de opinião do *Financial Times*, conforme já discutido aqui. No entanto, a liderança dos Estados Unidos sobre a instituição é utilizada pelo veículo britânico como argumento para justificar a aprovação de mais recursos ao Fundo. Já na ótica do WSJ, a posição determinante dos Estados Unidos sobre os rumos do FMI deveria servir para provocar um debate tido como imprescindível naquele momento, e orientado à revisão dos propósitos da instituição, então vista como prejudicial à saúde do mercado financeiro e da economia.

Outro texto exemplar deve ser somado ao quadro da perspectiva de condenação generalizada à atuação do FMI. A crítica veiculada pelo WSJ comporta diversas ironias, como esta apresentada em editorial[34] que satiriza um discurso de Fidel Castro, utilizando-o para corroborar a tese de um FMI ineficiente e incompetente. O texto é sintético e jocoso:

> Falando à Organização Mundial de Saúde na sexta-feira em Genebra, Fidel Castro partilhou um pouco da sabedoria econômica com a qual ele vem, sem dúvida, guiando Cuba nestes anos todos. O comércio livre, argumentou ele em uma refutação apaixonada de Adam Smith, cria "uma economia que cresce por si mesma e para si mesma, como um câncer". Verdade seja dita, a crença de Fidel de que o crescimento econômico é análogo a uma doença terminal de fato encontra eco em certas

---

34 ASIDES: Fidel as Economist. *The Wall Street Journal*, 18 maio 1998. Editorial.

zonas eleitorais de políticos presidenciais americanos. Voltando-se à atual situação mundial, Fidel previu que "O FMI vai falir qualquer dia". Nós supomos que, à luz do que o FMI fez à Indonésia de Suharto, Fidel não quer aqueles camaradas visitando Cuba. O papa é uma coisa; o FMI, nunca! Não sabemos o que o comitê do Nobel de Economia vai fazer com isso tudo, mas um funcionário da ONU logo correu para agradecer o sr. Castro por suas idéias.

A ironia também está presente no cenário construído por Paul Gigot, articulista do WSJ.[35] Segundo esse autor, o pacote de socorro ao México em 1995 trouxe a oportunidade para um verdadeiro "*show* de horrores", no qual o secretário Rubin teria usado a crise do peso para "intimidar" o Congresso a aprovar a ajuda ao país. O episódio mostrava-se um claro estímulo a uma nova crise, então encenada na Ásia. E não foi o fato de o Congresso simplesmente ter aprovado o pacote mexicano que teria realmente incomodado os "críticos do livre mercado":

> Foi a desvalorização do peso que, desde então, cortou os padrões de vida dos mexicanos em 50% nos termos do dólar. E também foi o "risco moral" de repagar ricos credores que aprenderam que podiam emprestar como agenciadores de apostas, mas ainda assim seriam resgatados pelos contribuintes. Aquele risco contribuiu para a *débâcle* na Ásia. Mas não importa, o sr. Rubin e os ricos e negligentes emprestadores estão de volta, buscando outra esmola.

E, segundo o texto, Rubin estaria novamente tentando intimidar o Congresso, acenando com a possibilidade de agravamento da crise caso novos fundos não fossem aprovados: "O sr. Rubin já está vestindo sua fantasia de Cassandra, prevendo o desastre caso o Congresso se recuse a pagar integralmente".

Rubin teria até, conforme o artigo, recrutado o presidente do Banco Central, Alan Greenspan, e o secretário de Defesa, Bill Co-

---

35 GIGOT, Paul A. Bailout Sequel: Rubin Tries for a Second Oscar. *The Wall Street Journal*, 19 dez. 1997. Opinião.

hen, para incutir o medo do "armagedon" nos líderes do Congresso. "Eles basicamente disseram que o mundo vai acabar se nós não fizermos isso", diz um congressista citado no texto. Além disso, durante muito tempo, a Casa Branca teria afirmado que somente um pacote de socorro do FMI poderia "bloquear a invasão da Coréia do Norte".

Rubin teria reconhecido, diante de deputados republicanos, que o pacote de socorro iria compensar totalmente as perdas dos credores da Coréia do Sul. O texto lamenta: "Isso significa que os credores não vão pagar um preço por emprestar de maneira negligente. Em vez disso, a dor será sentida pela classe média coreana, que verá seus impostos aumentarem e seus padrões de vida caírem devido à desvalorização".

O FMI esperava que o pacote de socorro "estabilizasse" a situação da Coréia. Mas Gigot acha isso improvável: "Os coreanos do sul provavelmente não vão pensar algo melhor dos americanos e do FMI com a imposição de sofrimento sobre eles, enquanto Wall Street e ricos coreanos são recompensados".

A verdade sobre as políticas do FMI é cristalina, segundo o articulista:

> Em qualquer caso, os mercados tendem a estabilizar-se a si próprios quando os governos fazem a coisa certa, como estourar cartéis financeiros e estabilizar a moeda. Isso é mais provável de acontecer se todo o mundo tomar um banho frio de Adam Smith do que com os acordos políticos do FMI.

Mas a crítica é formulada por *The Wall Street Journal*, inclusive de maneira educativa, como em um artigo de Holman W. Jenkins Jr.,[36] que critica a eliminação do risco financeiro provocada pelos pacotes de socorro do FMI. O texto é bastante didático sobre um caso na Ásia em que a interferência do Estado teria justamente eli-

---

36 JENKINS JR., Holman W. A Bailout Lesson: One Guy Ruins it for Everybody. *The Wall Street Journal*, 14 jan. 1998. Opinião.

O FMI SOB ATAQUE   165

minado o risco de mercado e tornado a competição injusta, caracterizando exatamente o capitalismo de compadres asiáticos, embora agora houvesse a participação de companhias norte-americanas. Vale rever todo o trecho desse artigo em que a questão é comentada:

> Entre todas as queixas contra o pacote de socorro à Coréia, a menos abstrata vem de um banqueiro regional nos EU. Ele tem que competir com o Citibank no seu quintal.
>
> Ele chama a atenção para o último relatório anual do Citibank, no qual o banco sustenta uma margem de 2,48% nos mercados emergentes. Isto representa a diferença entre os custos de seus fundos e o que ele obtém emprestando aqueles mesmos fundos novamente, e revela-se uma taxa opulenta se comparada ao 1,5% que ele ganha sobre os empréstimos às companhias dos EU.
>
> No mesmo relatório, o Citibank informou sua exposição na Coréia como sendo de US$ 2,2 bilhões. Em outras palavras, ele teve muito dinheiro desaparecido da Coréia e, a julgar pelos seus rendimentos nos mercados emergentes, tem sido bem compensado pelo risco.
>
> Que risco? Em conversas na semana passada nos escritórios do Citibank em Nova York, representantes sul-coreanos apoiaram um plano do J. P. Morgan. O Citibank e seus colegas desistiriam de seus empréstimos a negócios privados sul-coreanos, realizados a alguns pontos além da referência internacional para taxas de juros, em troca de bônus emitidos pelo governo sul-coreano.
>
> Estes bônus, se a abortada tentativa de lançar um financiamento algumas semanas atrás fosse alguma indicação, pagaria na ordem de 11%. E como créditos soberanos "sem risco", eles libertariam o capital agora seqüestrado para dar suporte ao empréstimo bancário ao setor privado coreano.
>
> Os bancos fazem o melhor acordo que puderem, mas eles não poderiam estar fazendo este se o FMI já não tivesse posto US$ 57 bilhões na Coréia do Sul. Nosso amigo banqueiro regional não se importa quando o Citibank invade seu torrão ou caça ilegalmente os gerentes de suas filiais. Ele imagina que com seu próprio conhecimento local pode permanecer no jogo.
>
> "Isso é competição, e eu não tenho problema com isso", ele diz. "Mas quando o governo os está ajudando, eu tenho um problema."

O texto anterior aponta sinais de que os países asiáticos já estavam em dificuldades antes da crise surgir. No entanto, argumenta, o que ninguém poderia dizer é quando exatamente a confiança em todos os tomadores de dinheiro iria evaporar por causa dos maus tomadores. E o problema seria cumulativo: "Quatro investidores podem ter avaliado seus projetos individuais cuidadosamente, mas o quinto traz a ruína para todos", diz o texto, considerando o risco inerente ao mercado financeiro: "[O quinto] joga seu dinheiro na pilha porque sabe que alguém virá socorrê-lo".

Analisando a jogada do Citibank, o articulista conclui que mesmo grandes bancos já desprezam o risco, apostando na possibilidade de um socorro. As vantagens trazidas pela dimensão das grandes corporações, supostamente mais preparadas para enfrentar e calcular o risco, estariam caindo por terra se elas apenas esperassem dinheiro de governos e do FMI para salvá-las se algo desse errado: "Estes bancos gigantes estão proliferando o problema do quinto homem em cada nicho e em cada esquina do mercado global, apoiados por reguladores e um FMI hipnotizado pela doutrina do 'muito-grande-para-falir'".

No contexto discutido pelo autor, o plano do J. P. Morgan apenas ampliaria a sensação de ausência de risco financeiro. "Sob o plano do Morgan, Seul iria substituir os bancos como o principal credor das companhias coreanas, apenas aprofundando as relações de compadrio no sistema." O quadro era grave, mas poderia ser diferente caso o governo forçasse a liqüidação dos bancos em pior situação. Em vez disso, preferia jogar a solução para cima da "poupança das pessoas comuns". E, se houvesse menos pacotes de socorro, haveria menos ocasiões para socorrer quem quer que fosse. Afinal, "as pessoas não jogam dinheiro fora a não ser que sejam levadas por perversos incentivos".

E, curiosamente, *The Wall Street Journal* confronta um aspecto importante expresso pelo *Financial Times* em artigo analisado no capítulo anterior. O jornal britânico citara declaração de Michel Camdessus, então diretor-gerente do FMI. O burocrata afirmou com clareza a atuação de um Fundo comprometido com a manutenção dos interesses dos países enquadrados pelo arranjo hegemônico liderado pelos Estados Unidos:

> "Nós servimos aos objetivos básicos da economia dos Estados Unidos: nós servimos à abertura comercial, ao crescimento econômico e nós contribuímos para a estabilidade onde os Estados Unidos tenham interesses decisivos, sistêmicos ou estratégicos", disse Camdessus.

"Mas a que custo?", questionou o burocrata (citado pelo jornalista do FT), que completou: manter as funções do FMI assim delineadas não pode resultar em custos para o contribuinte norte-americano, britânico ou francês. Assim, disse Camdessus, a tarefa de ampliar as reservas do Fundo poderia ser cumprida apenas com uma troca de ativos entre os bancos centrais desses países. E ainda ironizou: "Qual parlamento não compraria tal serviço a um preço tão baixo?".

Assim, o cenário construído e veiculado pelo FT revela-se extremamente favorável ao FMI, enquanto, na ótica daquele texto, manter a instituição não implicasse custos para os contribuintes.

Já no WSJ, a crítica a essa idéia é mordaz. Em editorial,[37] o jornal aponta quão absurdo era o raciocínio que alegava não haver ônus para os contribuintes em decorrência da sustentação do Fundo:

> Da maneira que Rubin, Secretário do Tesouro, diz, dar US$ 18 bilhões em dinheiro fresco ao Fundo Monetário Internacional não vai custar aos contribuintes dos EU "um centavo". Assim, em outras palavras, de fato existe algo como dinheiro de graça. Ouvir esse grau de bobagem econômica vindo não de algum banqueiro tailandês falido ou de um ditador indonésio, mas de um camarada que comanda o Tesouro dos EU, deveria fazer até mesmo o Congresso pensar duas vezes sobre apoiá-lo novamente.
>
> Uma das primeiras coisas que os congressistas – e seus eleitores – poderiam querer saber é que a curiosa aritmética do sr. Rubin não é tão diferente do pensamento do próprio FMI. Em algum momento entre a fundação do FMI no fim da Segunda Guerra Mundial e a sua atual soli-

---

37 IMFONOMICS. *The Wall Street Journal*, 23 abr. 1998. Editorial.

citação, o Fundo tomou a idéia de que é imune às forças de mercado que, para o resto de nós, impõem que não existe almoço de graça (nem dinheiro de graça). O diretor-gerente do Fundo, Michel Camdessus, tem feito campanha por mais dinheiro nos mesmos termos do sr. Rubin: que não custa nada aos americanos a provisão de bilhões para serem administrados pelo FMI. No máximo, isto é arrogante e talvez um pouco tolo. No mínimo, é uma mentira.

Embora o argumento de Rubin e Camdessus fosse estúpido, conforme afirma o jornal, valeria recorrer a alguma aritmética básica para desfazer qualquer possibilidade de os leitores caírem na mentira. De onde vem os US$ 35 bilhões que o FMI já recebeu do Congresso?, questiona o editorialista. "Vêm do governo dos EU e, é claro, o dinheiro do governo dos EU vem dos contribuintes." No entanto, a obviedade não seria compreendida pelo FMI, diz o texto:

> O sr. Camdessus, em entrevista à *Business Week* em dezembro último, veio com a intrigante declaração de que "o dinheiro do FMI não é o dinheiro do contribuinte" porque ele vem dos "bancos centrais de nossos membros". Bem, a última que ouvimos é que o Fed [banco central norte-americano] é organização de propriedade dos contribuintes. Aqueles US$ 35 bilhões que o FMI está jogando por aí não são o dinheiro de um monopólio, embora talvez a burocracia mais grandiosa do mundo – como o sr. Camdessus recentemente rotulou seu favorito – possa ter perdido contato com este fato.

O objetivo é ridicularizar as afirmações de Rubin e Camdessus, e o texto insiste nisso. Afirma que, mesmo se o FMI conseguisse mais dinheiro do Congresso, não iria ficar satisfeito. Logo pediria mais. Mas não havia problema. Afinal, "se este dinheiro realmente não custa nada, então por que o FMI deveria pedi-lo a alguém?", satiriza o editorial. "Por que US$ 18 bilhões? Por que não US$ 18 trilhões, ou talvez todo o dinheiro do mundo inteiro? Se é de graça, quem iria se importar?"

Por fim, o texto articula um raciocínio intrigante. Assinala o editorial que, embora todos os membros do FMI contribuam para a instituição, há muitas moedas fracas, como as da Tanzânia e do

Tadjiquistão. Então, a cota dos Estados Unidos, que já é a maior, assume muito mais importância se consideradas somente as moedas sólidas. Assim, o fato é que os Estados Unidos sustentam o Fundo.

Já o FMI, por sua vez, empresta a países em crise a taxas muito abaixo daquelas que eles obteriam no mercado, pois são economias com problemas, e os empréstimos a elas apresentam alta probabilidade de risco. E, se há muito risco, os investidores exigem taxas de juros maiores para compensá-lo, conforme lembra o WSJ. Dessa forma, se aquelas nações emprestassem dos Estados Unidos com a intermediação do mercado, em vez dos generosos pacotes do FMI, os Estados Unidos ganhariam muito mais dinheiro, ou pelo menos correriam menos riscos – uma vez que os pacotes de socorro da instituição teriam crescido demais a ponto de comprometer a suposição de que o Fundo estava imune à possibilidade de calote.

Finalmente, vale destacar que, também para o *The Wall Street Journal*, a exemplo das perspectivas identificadas na *Folha de S.Paulo* e no *Financial Times*, existiria a iminência de um ciclo de recessão global, em parte causado pela crise asiática, que deveria ser enfrentado através da construção de uma nova arquitetura do sistema financeiro mundial, capaz de conter crises e estimular o crescimento econômico.

O articulista do WSJ, George Melloan, associa[38] a crise asiática ao risco de deflação dentro de um contexto específico. Ele afirma que bancos japoneses estavam muito expostos em países como Tailândia e Coréia do Sul; daí o Japão ter se engajado na montagem do pacote de socorro do FMI àquelas nações. No entanto, diz o articulista, os pacotes têm um limite, e o Japão já se encontrava ele próprio atolado em empréstimos incertos. E, certamente, o FMI não teria como interferir no cenário interno do Japão, nem como oferecer um pacote de socorro ao país. Contudo, o mundo tinha o direito de estar nervoso se grandes instituições financeiras japonesas corriam o risco de falir. Afinal,

---

38 MELLOAN, George. Let Japan Sort Out its Own Financial Problems. *The Wall Street Journal*, 16 dez. 1997. Opinião.

na economia global de hoje, instituições financeiras internacionais são interligadas através de empréstimos e linhas de crédito. Depreciações de ações resultantes do colapso de instituições afetam a liquidez mundial com efeitos deflacionários contínuos.

Já o articulista Holman W. Jenkins Jr. se mostra ainda mais preocupado[39] com a possibilidade de deflação:

> Ela pode vestir uma face corajosa para as crianças em torno da árvore de Natal, mas a mais historicamente iluminada Wall Street está arrasada pelo medo de que a década de 30 esteja se repetindo, desta vez num buraco de pia do outro lado do mundo. Algo está caindo pela chaminé, e poderia ser deflação.

Na ótica construída por Jenkins, o FMI contribuiria para estimular a tendência deflacionária ao semear incerteza sobre quem recairiam as principais perdas decorrentes da crise asiática. A comparação com a crise de 1929 permite ao autor ilustrar essa tese:

> Na década de 20, a Europa estava emprestando pesadamente dos EU a fim de pagar dívidas e reparações da guerra, e quando os Estados Unidos se tornaram deflacionários, os empréstimos não eram mais acessíveis.
>
> O Japão e o Ocidente têm despejado dinheiro na Ásia, mas hoje os mercados internacionais de capital são mais abertos e descentralizados, e os asiáticos são grandes poupadores. Se eles se mostrarem com disposição para liquidar maus projetos e fechar ou recapitalizar emprestadores insolventes, o dinheiro vai voltar para dentro rapidamente. O dinheiro já está escolhendo barganhas entre as ruínas na Tailândia. O fracasso é um desregulador melhor do que um acordo com o FMI. De fato, a melhor maneira de prolongar uma crise é manter todo o mundo em suspense sobre como e quando as perdas serão alocadas.

Diante desse quadro, o exame de alternativas para uma nova configuração do sistema financeiro internacional é apresentado por

---

39 JENKINS JR., Holman W. Living in Deflationary Times? Hold your Breath. *The Wall Street Journal*, 17 dez. 1997. Opinião.

O FMI SOB ATAQUE 171

George Melloan,[40] Sua idéia é que a fixação da taxa cambial a algum padrão constante constituíra política bem-sucedida no passado, mas que revelava-se anacrônica para o presente. Essa seria uma das lições da crise asiática, segundo o articulista, afinal, os países asiáticos teriam servido-se da política monetária como maneira de valorizar artificialmente sua moeda e atrair capitais. No entanto, iludidos pela súbita prosperidade, teriam relaxado os controles sobre a aplicação dos capitais. Percebido pelos investidores, o problema teria ocasionado o caos financeiro.

Dessa maneira, o monetarismo (entendido como o exercício do poder dos Estados sobre a definição do valor das moedas nacionais), embora fosse uma política adequada na criação do acordo de Bretton Woods, agora estaria esgotado, segundo Melloan. Tanto é, diz ele, que os países da União Européia já teriam admitido abrir mão do controle político das suas moedas para transferir a responsabilidade para um apolítico banco central europeu:

> Os europeus foram os primeiros a ver que a administração cambial era uma ferramenta perigosa, se de fato for mesmo uma ferramenta. As vantagens de fazê-la corretamente eram menos visíveis ao público do que o embaraço de fazê-la de maneira errada. Daí a disposição de políticos na Europa de sair do negócio de administração cambial e aderir à União Monetária Européia.

Em editorial,[41] o veículo retoma essas questões em outro contexto. Dessa vez, é a declaração de Eisuke Sakakibara, vice-ministro das Finanças do Japão, que apela para o estabelecimento de "um novo Bretton Woods". O jornal afirma a legitimidade da posição de Sakakibara. Ele deve ser ouvido, porque não se pode negar que o fim de Bretton Woods trouxe muita instabilidade:

---

40 MELLOAN, George. Tales of the Java Sea, or the Death of Monetarism. *The Wall Street Journal*, 24 fev. 1998. Opinião.
41 ASIA LOOKS FOR ANSWERS. *The Wall Street Journal*, 6 mar. 1998. Editorial.

A errática história financeira desde então fala por si própria. Na década de 70, nós testemunhamos inflação alta nos EU, expressa particularmente na alta dos preços do petróleo. Isso foi seguido pela crise da dívida na América Latina e pela *débâcle*, nos EU, dos empréstimos e da poupança, e recentes distúrbios como a desvalorização mexicana e a *débâcle* financeira asiática.

Além disso, sustenta o editorial, a estabilidade monetária é imprescindível aos negócios. A volatilidade inerente aos mercados financeiros, que muitos ainda argumentavam ser mais bem contida pela livre flutuação das moedas, não reflete a necessária paridade entre os valores de mercadorias produzidas, por exemplo, no Japão e nos Estados Unidos: "Esses valores mudam só lentamente, portanto taxas cambiais muito flutuantes distorcem claramente os sinais de preços necessários à eficiente alocação de recursos na economia global".

E, depois da queda de até 80% dos valores de moedas asiáticas, iria tornar-se "natural" pensar em sistemas que "assegurem às pessoas que o valor do seu dinheiro não vai murchar do dia para a noite".

Assim, também o WSJ é levado, a exemplo da *Folha de S.Paulo* e do *Financial Times*, a enfocar a exigência de encontrar meios para tornar as crises financeiras menos prejudiciais à economia. No entanto, a moratória russa anunciada em agosto de 1998 tornou esse cenário mais complexo. Esse é o assunto discutido no próximo capítulo.

7
O ATAQUE AGRAVADO PELA MORATÓRIA RUSSA

Neste capítulo, o foco se dá sobre o segundo episódio de crise financeira que afetou o planeta no fim da década de 1990: a moratória unilateral decretada em agosto de 1998 pela Rússia, que suspendeu por 90 dias o pagamento de sua dívida externa.

A turbulência na Rússia ocorreu na esteira da instabilidade trazida pela crise asiática. Na condição de país emergente, o país foi especialmente afetado, enfrentando uma redução acentuada na entrada de capitais que financiavam seu déficit externo. A suspensão dos pagamentos dos débitos foi a saída encontrada pelo governo russo, conforme detalhado no Capítulo 4.

Diante do conturbado cenário configurado em decorrência da ineficácia do FMI na resolução dos problemas dos países asiáticos, diversos analistas, amplificados pelos meios de comunicação em que escrevem, intensificaram as críticas à instituição. "O Fundo, que jamais cumpriu as funções de estabilização almejadas por seus idealizadores, chegou ao maior impasse de sua história", resume a *Folha*.[1]

---

[1] MÃO DUPLA GLOBAL. *Folha de S.Paulo*, São Paulo, 14 abr. 1998. Editorial.

O impasse, segundo o veículo, era financeiro, uma vez que as dívidas contraídas por economias em crise eram muito maiores que as reservas do Fundo, e técnico: "as receitas e a filosofia do FMI foram postas em xeque numa intensidade sem precedentes". Em conseqüência, as populações dos países "socorridos" manifestavam seu desespero nas ruas. A *Folha* chega a considerar em editorial[2] que a crise asiática já se tornava uma crise de Estado, em função de uma constatação simples: em Jacarta, na Indonésia, um dos instrumentos que permitiriam a adoção de políticas definidas pelo FMI era justamente o Exército. As reformas econômicas, enfatiza o editorialista, haviam entrado em uma etapa na qual apenas a ameaça dos fuzis poderia garantir a ordem econômica necessária para implantá-las. Repressão política e reforma econômica muitas vezes andavam juntas, conforme o exemplo latino-americano, com conseqüências graves. Naquele momento, o casamento forçado entre as duas esferas devia-se à desorganização financeira:

> Diante dos impactos sociais de uma brutal recessão, não há como aplicar a receita do FMI sem tornar o Exército da Indonésia uma parte essencial da política econômica. Parece exagero, mas existem precedentes na associação entre ajuste econômico e repressão política, como o demonstra a história da América Latina.
>
> ...
>
> A situação é propícia a um círculo vicioso. Políticas econômicas anti-sociais geram instabilidade política, o que assusta os investidores e leva as autoridades a ajustes ainda mais fortes, em especial elevando os juros. O ciclo pode ser destrutivo.
>
> ...
>
> O efeito deletério da selvagem especulação financeira mundial e das políticas econômicas convencionais se abate sobre países com sistemas de poder nada flexíveis, tanto no exercício da autoridade política como na articulação entre governo e empresas. Mais que uma crise econômica, a Ásia vive uma crise de Estado.

---

2 ÁSIA, DOS JUROS ÀS TROPAS. *Folha de S.Paulo*, São Paulo, 10 maio 1998. Editorial.

A associação entre hipertrofia financeira e crise social é refeita em editorial[3] que retoma o *crash* das bolsas em 1929 a fim de aprofundar o cenário:

Quando a queda das Bolsas de Valores, detonada em 1929, derrubou o nível de investimentos das maiores economias ocidentais e conduziu o mundo à depressão dos anos 30, parecia inaceitável que movimentos especulativos estivessem comandando os investimentos reais.

Nos últimos anos, o vertiginoso crescimento dos fluxos financeiros internacionais e a repentina deflagração de crises cambiais – mesmo em países com indicadores macroeconômicos positivos, como a Coréia do Sul – têm feito ressurgir a discussão sobre como regular esse enorme trânsito de recursos.

O texto admite que o próprio comando do FMI chegara a pensar em uma forma de conter a especulação por meio da instituição de um imposto sobre transações financeiras. Possivelmente em vão, sentencia o editorialista: "A discussão pode até terminar sem efeitos práticos. Mas é fato que o descolamento entre as finanças e a economia real continua sendo altamente preocupante".

Duas semanas mais tarde, também a Coréia do Sul passou a enfrentar distúrbios sociais em decorrência dos ajustes impostos pelo FMI, assinala a *Folha*.[4] Mas a sobriedade da burocracia da instituição não permitia compreender a gravidade do problema, embora a questão já fosse notória:

A Coréia do Sul volta a preocupar os investidores. E, desta vez, como aliás na Indonésia, não apenas por razões de ordem financeira ou cambial, mas em decorrência de uma intranqüilidade social crescente. Os custos do ajuste econômico que os governos da região prometem ao FMI enfrentam barreiras que vão muito além da pura racionalidade econômica.

---

3 ESPECULAÇÃO NA MIRA. *Folha de S.Paulo*, São Paulo, 14 maio 1998. Editorial.
4 A NOVA SOMBRA EMERGENTE. *Folha de S.Paulo*, São Paulo, 27 maio 1998. Editorial.

Para o veículo,[5] a crise "contaminou, em graus variados, o conjunto das economias emergentes no Leste Europeu e na América Latina", e teria sido determinante para que a globalização financeira passasse a ser considerada algo perigoso, e o FMI, essencialmente falho para enfrentá-la:

> A crise não acabou, mas várias conclusões já podem ser esboçadas. É, por exemplo, necessário relativizar o entusiasmo com que a globalização financeira foi saudada nos anos 90.
> Ela tem vantagens inegáveis, pois nunca a economia mundial se viu diante de tamanha liquidez financeira. Mas essa disponibilidade de recursos acaba viciada pela enorme liberdade dos capitais, que coloca em risco as políticas econômicas de países dependentes. Discutem-se com urgência inédita as alternativas para reduzir os efeitos negativos da instabilidade financeira global.
> Outra lição refere-se à inépcia das receitas econômicas. Foram desmascaradas tanto as apologias de um suposto "modelo asiático" milagroso quanto as fórmulas defendidas pelos apóstolos da ortodoxia financeira, em especial em organismos como o Fundo Monetário Internacional. O que se viu, em momentos cruciais, foi a ação do FMI piorar as tensões econômicas e sociais associadas à crise financeira. Ao pedir juros altos, fragilizou ainda mais os sistemas bancários. Ao pedir cortes de gastos, aumentou o custo social da crise.

Dessa forma, quando a Rússia pede socorro ao FMI, a *Folha* lamenta[6] que "os meios de que dispõem as instituições criadas no pós-guerra estão no limite". A solução é novamente posta em termos já aclarados em diversos outros editoriais aqui comentados. "A desregulamentação financeira e o vertiginoso aumento dos fluxos de capital não afetam apenas os mercados emergentes. Podem exigir até mesmo a reformulação das instituições econômicas internacionais."

---

5 UM ANO DE CRISE ASIÁTICA. *Folha de S.Paulo*, São Paulo, 29 jun. 1998. Editorial.
6 O RESGATE DA RÚSSIA. *Folha de S.Paulo*, São Paulo, 15 jul. 1998. Editorial.

A nova circunstância russa reforça a perspectiva, já expressa pelo jornal, de que as crises financeira e econômica estavam ligadas: "O risco maior é o de estar ocorrendo um círculo vicioso: a crise financeira abala a economia real, cuja debilidade se traduz em perda de confiança nos mercados financeiros, o que novamente rebate na economia real e assim indefinidamente".

Assim, encontra-se aqui, mais uma vez, a tônica determinante do cenário veiculado pela *Folha*: a idéia de que a globalização financeira revela-se como face indissociável da crise da produção e do emprego, fundamentos do que o veículo chama de economia real. Esse aspecto do contexto construído pelo jornalismo opinativo do veículo já foi comentado aqui em relação à base teórica da Parte I, ou seja, pode ser apreciado dentro do conjunto de proposições que concebem a globalização financeira como sinal de crise do capitalismo.

A interpretação da crise russa pela *Folha* vem somar-se a esse quadro. Logo após a Rússia ter decretado, sob a vigência de um acordo supostamente positivo entre o país e o FMI, a suspensão temporária do pagamento de suas obrigações externas, a *Folha* afirma em editorial:[7] "Se ainda houvesse alguma dúvida, a queda das Bolsas de Valores do mundo todo, esta semana, serviu para consolidar a sensação de que a crise não é apenas dos chamados mercados emergentes, mas global", lamenta o texto. E pior, segundo o editorialista, era a assumida incapacidade de o Fundo enfrentar a situação, uma vez que a instituição já admitira "não dispor mais de recursos para socorrer qualquer outro país que venha, eventualmente, a enfrentar problemas que não possam ser solucionados por seus próprios meios".

No entanto, o *Financial Times*, em vez de considerar os distúrbios sociais que ainda ocorriam na Ásia quase um ano após a crise na região como indicador de crise no capitalismo, como faz a *Folha*, afirma que os episódios deveriam ser aceitos como parte de um duro caminho a ser percorrido. O que não dispensava manter atenção

---

7 A CRISE E OS LÍDERES. *Folha de S.Paulo*, São Paulo, 29 ago. 1998. Editorial.

constante às tensões da região, a fim de certificar-se de que elas não dificultariam o processo de ajuste. Embora o FMI não devesse ceder aos apelos para o relaxamento das imposições, precisava manter a região sob controle, aponta o veículo em editorial:[8]

> Nos três países, a recuperação real só pode vir uma vez que o setor financeiro esteja saudável. Mas o FMI e outras instituições multilaterais devem ficar de vigília para garantir que a dor social seja suportável. Há espaço para relaxamento fiscal mais adiante, sendo atingida aquela finalidade, mas as autoridades mundiais não devem ser ludibriadas pela recessão, aceitando prevaricação na reforma financeira e na recapitalização.

O FT não vê os conflitos de rua como crise de Estado, mas como uma crise de governo; bastaria um novo governo para haver uma solução para os distúrbios. Após 32 anos de regime ditatorial, o dirigente indonésio precisava comandar um processo seguro e organizado de transição democrática, afirma o FT.[9] Afinal, a democracia revela-se, segundo o jornal, o regime mais favorável à consecução da natureza da reforma pretendida pelo FMI, ainda que a instituição não fosse capaz de condicioná-lo à concessão de empréstimos:

> Transições de ditaduras carregam riscos inerentes. Além disso, a evidência da Coréia do Sul e da Tailândia é a de que é mais fácil para os países adotarem políticas econômicas radicais depois de passarem por mudança política legítima.
> O Fundo Monetário Internacional precisa aprender essa lição também. Ele pode não ser capaz de tornar a democracia uma condição para emprestar dinheiro. Mas deve ficar um pouco mais esperto para entender como política e economia inter-relacionam-se. A eficácia de seus programas econômicos pode facilmente ser minada por um governo fraco.

A súbita ênfase do FMI em promover a democracia pode parecer, de certa forma, contraditória. De fato, o próprio jornalismo opi-

---

8 AGONY SETS IN FOR ASIA. *Financial Times*, 6 maio 1998. Editorial.
9 ZIG-ZAG POLITICS. *Financial Times*, 21 maio 1998. Opinião.

nativo do FT discute esse aspecto. Se é notório que regimes ditatoriais foram apoiados, no passado, pelos Estados Unidos, como forma de preservar economias emergentes como terrenos favoráveis à política comercial norte-americana, naquele momento, a surpresa estaria justamente no fato de o FMI, pressionado por seu maior cotista, defender reformas cuja chance de sucesso dependia de um governo democrático com legitimidade suficiente para implementá-las.

Essa suposta mudança de orientação dos Estados Unidos é citada por texto do FT como algo ainda mais intrigante que a própria possibilidade de os programas do FMI darem certo na Ásia.

A perspectiva é assim apresentada em artigo do FT[10] que discute as críticas aos programas do FMI para os países asiáticos afetados pela crise:

> Os críticos insistem que quebrar monopólios, embora desejável, não tem praticamente nenhuma relevância para a crise imediata; que fechar bancos exacerba o pânico; que aperto fiscal era desnecessário em um país com um longo registro de prudência como o da Indonésia; e que o atraso em lidar com as pendências do débito do setor privado tornou a restauração da confiança algo de fato impossível. Para os críticos, o remédio do FMI vai deixar o paciente muito mais fraco do que o necessário.

Em seguida, o texto minimiza a importância de discutir essa questão, destacando a necessidade de, para entender de forma mais ampla as causas da persistência da crise, deslocar o foco para quanto havia mudado a política externa dos Estados Unidos:

> A questão, no entanto, não é se os críticos estão certos – em alguns aspectos eles estão. A questão é, mais propriamente, que o sr. Suharto foi um pária em um mundo liderado por um EU que se tornara perturbado por um ditador em envelhecimento que, outrora, tinha sido um valioso aliado. A superpotência estava determinada, na era pós-guerra fria, a promover a democracia.

---

10 INDONESIA'S LEGACY. *Financial Times*, 25 maio 1998. Opinião.

E o artigo então assinala que a razão da dificuldade em restabelecer a confiança na Indonésia era não a percepção da ineficiência das reformas realizadas pelo país, mas justamente a constatação do rompimento entre países antes aliados, implícito inclusive nas escolhas do FMI:

> Contra este pano de fundo, o sr. Suharto também não pode dar-se o luxo de ficar em forte desacordo com o FMI. Não foi nenhuma surpresa quando, no final de março, a Coréia recebeu US$ 21,7 bilhões em assistência oficial, a Tailândia, US$ 10,2 bilhões, e a Indonésia, meros US$ 3 bilhões. Também não causa surpresa que a confiança tenha permanecido ausente no setor privado.

A idéia subjacente aqui parece ser esta: enquanto os vícios da política econômica da Indonésia, tão criticados após a crise, foram tolerados pelos Estados Unidos, porquanto fossem benéficos para o crescimento econômico norte-americano, o regime ditatorial indonésio pôde contar com o apoio dos Estados Unidos. Já quando a crise impôs a necessidade de uma estrutura institucional diversa para lidar com as dificuldades do novo cenário, o apoio dos Estados Unidos ao regime de Suharto foi retirado. A persistência dos efeitos da crise sobre a Indonésia, segundo esse argumento do jornalismo opinativo do FT, não podia ser explicada pela precariedade das instituições político-econômicas daquele país asiático, mas justamente pelo fato de que o mercado subitamente percebera que os Estados Unidos haviam deixado de apoiá-las.

Já na análise de *The Wall Street Journal* sobre a crise russa, o pacote de "socorro" do FMI ao país é visto como eliminador do risco moral, salvando, com dinheiro público, investidores imprudentes de suas más apostas. O veículo afirma, em editorial,[11] que banqueiros interessados em receber o dinheiro do FMI estariam comunicando ao mercado suas expectativas, e antecipa que a esperada ação do Fundo iria, inegavelmente, suprimir o risco moral àqueles investidores. De escritórios em Londres, Nova York e Moscou, "nós ago-

---

11 RUSSIA'S CRISIS? *The Wall Street Journal*, 28 maio 1998. Editorial.

ra estamos ouvindo apelos apavorados para que o dinheiro do FMI salve a Rússia, ou pelo menos a sua parte dela", ironiza o editorialista, que descreve o mecanismo responsável pelo problema:

> Naturalmente, parte do que está levando ao pânico em torno da Rússia é que bancos ocidentais e bancos de investimento têm canalizado fundos em direção a grandes empresas russas, emprestando para receber participações naquelas empresas. Uma vez que os preços das ações caíram, os russos têm vendido qualquer coisa que tenham para honrar as margens exigidas por seus credores ocidentais, e assim derrubando os preços das ações ainda mais. São estes mesmos credores que agora pedem um pacote de socorro.
>
> Isto é o tipo perfeito de risco moral – quando um pacote de socorro induz investidores a arriscar-se em excesso na expectativa de futuros pacotes de socorro. É uma síndrome que nos preocupa desde que o pacote de socorro mexicano, em 1994, lançou um precedente para os pacotes asiáticos, em 1997, que agora ameaçam gerar pacotes para os antigos Estados soviéticos. É exatamente assim que o risco moral engendrado pelo FMI poderia levar a uma genuína crise econômica global.

No entanto, uma vez que a Rússia já fazia parte do círculo de influência do FMI, argumenta o jornal, a intromissão da instituição era inevitável. "Onde, nisto tudo, cabe o FMI?", questiona o editorial:

> Os russos têm dito que não querem um resgate do FMI. Como nação já incluída na lista de clientes do FMI, ela deveria saber que as políticas do FMI são, com freqüência, parte do problema, não da cura. Além de ampliar o nível de risco moral disperso pelo mundo, e encorajar desvalorizações que levaram a Ásia diretamente para a crise, o FMI já está administrando à Rússia um programa de empréstimos de US$ 10 bilhões que inclui algumas das políticas mais estúpidas desde que Mikhail Gorbachev tentou impedir a venda de vodca.

Notavelmente, o veículo cita, como uma dessas políticas "estúpidas", algo que, no cenário construído pelo *Financial Times* e no contexto dos memorandos do FMI descritos no Capítulo 4, parecia absolutamente positivo e consensual: a urgência em arrecadar mais impostos. Não que, na ótica do WSJ, a reforma do sistema fiscal não fosse necessária; no entanto, a pressão da condicionalidade do Fundo apenas conturbava o processo de reforma, comprometendo suas chances de sucesso:

> O que é mais visível é que o FMI tem, recentemente, atormentado as autoridades russas para que elas aumentem e arrecadem mais impostos. Isto, sozinho, tem provavelmente contribuído muito para desequilibrar a jovem economia de mercado russa. O que parece escapar aos membros da equipe do FMI – eles próprios isentos de pagar imposto – é que a Rússia ainda não tem um sistema fiscal disciplinado. Impostos, como qualquer um pode imaginar, afinal, tendem a ser altos. Muitos russos trabalham na economia informal porque estão simplesmente com medo de, na legalidade, serem atingidos por grandes cortes em sua receita. A solução seria tributação disciplinada e taxas baixas; não a alternativa do FMI, que envolve uma agressiva coleta de taxas mais altas.

O problema da Rússia, argumenta o WSJ, tinha muita relação com a crise de confiança que havia se instalado entre os investidores. Assim, bastaria que o país restringisse a oferta de moeda, evitando ceder às pressões pela desvalorização do rublo, para superar a crise. Essas políticas, inclusive, já haviam sido eficientes em momentos difíceis anteriores do próprio país, que os teria resolvido sem a interferência do FMI, segundo o editorial. Nesse contexto, o Fundo serviria apenas para atrapalhar o caminho:

> A questão que o mundo deve responder é se é melhor deixar os russos arrumarem sua última crise – talvez com a ajuda privada dos mesmos credores ricos que agora apelam para um pacote de socorro público. Ou devemos nós acrescentar a Rússia à lista de países através dos quais o FMI canaliza dinheiro do contribuinte para resgatar grandes bancos que colocaram a si próprios em mercados arriscados?

De fato, o mecanismo por meio do qual o dinheiro do contribuinte é usado pelo FMI para salvar investidores é criticado com ênfase especial pelo *The Wall Street Journal*, que emprega diversos argumentos para apontar quão aberrante se revela a existência desse tipo de distorção para a natureza da economia de mercado em uma democracia liberal. A deformidade é posta pelo jornal[12] com contornos que a fazem parecer uma anomalia tão grave quanto vem a ser a própria globalização financeira dentro do cenário construído pela *Folha*.

Isto é, conforme já discutido aqui, o jornal brasileiro considera a mundialização do capital uma fase marcada pela degeneração dos mecanismos de alocação de recursos historicamente criados pelo capitalismo. O veículo vê a preponderância das exigências do "cassino financeiro" sobre a esfera produtiva como sinal de deterioração do sistema econômico, ou crise do capitalismo.

Embora não qualifique necessariamente o que vê de errado no sistema econômico como sintoma de crise do capitalismo, o WSJ, no entanto, caracteriza a intervenção do FMI no mercado como fator de degeneração tão grave a ponto de distorcer profundamente o sentido da atividade econômica.

Sintomaticamente, essa concepção corrobora tese resumida por Rosanvallon (2002) e já apresentada aqui. Esse autor (p.88) lembra que a idéia da "mão invisível" não significou, mesmo no contexto de seu surgimento, o abandono do mercado a sua própria sorte. Ao contrário, a defesa do liberalismo econômico sempre implicou a ação do Estado para preservar a igualdade entre os concorrentes. Afinal, os monopólios "desordenam a distribuição natural do capital da sociedade" e "reduzem a riqueza nacional", além de prejudicar os interesses de todos os outros participantes do mercado.

Assim, para o WSJ, ao mesmo tempo que a própria intromissão do FMI anula as forças de mercado que proporcionam igualdade de condições para a competição capitalista, ela também contribui para desencadear a formação de monopólios no setor bancário, outra situação capaz de neutralizar as forças supostamente equalizadoras existentes em um mercado disciplinado pelo Estado.

---

12 JENKINS JR., Holman W. Let's not Shoot all the Bankers. *The Wall Street Journal*, 1º jul. 1998. Opinião.

O argumento do WSJ é direto, expressando com clareza a idéia de que essa distorção significa a grave deterioração de funções essenciais da atividade bancária no sistema capitalista:

Entre os empreendedores comerciais, os bancos têm, com exclusividade, a habilidade de arruinar uma economia. Metade do valor de um banco é sua disposição em dizer não sabiamente, e a outra metade é sua disposição em apoiar quem mereça um sim. Mas o quadro apresentado pela crise asiática é de bancos vagando pela Terra em busca de bolhas de empréstimos, depois abandonando nações inteiras quando as coisas vão mal e exigindo reembolso do FMI.

Enquanto os bombeiros tentam apagar as últimas chamas, os incorporadores continuam a criar mais bancos gigantes que são "grandes demais para falir" e prováveis de se tornar futuros tutelados pelo contribuinte.

O jornal descreve extensamente o caso de um banco de pequeno porte que, no momento, registrava desempenho significativo por meio de uma gestão responsável e baseada no atendimento das necessidades da sua comunidade de origem. Esse caso é apresentado como contraponto aos exemplos de imprudência na gestão financeira e falta de compromisso com os tomadores de empréstimos. "Proprietários que suportam a totalidade dos riscos de perdas fazem melhores regulações do que os próprios reguladores", analisa o autor, que vê o apoio oferecido pelo Estado aos grandes bancos com problemas como a causa das fusões que levariam ao surgimento de investidores dispostos a fazer apostas arriscadas em todo o planeta. "Os acionistas estariam tão ávidos em defender as megafusões e a criação de novos gigantes se a rede de segurança federal fosse removida?", questiona.

Em editorial,[13] o jornal oferece, contra a "ajuda" para a Rússia, outro argumento muito freqüente contra os pacotes de socorro do FMI. Trata-se da idéia de que o dinheiro dos pacotes de "socorro" organizados pela instituição apenas serviriam para permitir o resga-

---

13 FINANCING CAPITAL FLIGHT. *The Wall Street Journal*, 14 jul. 1998. Editorial.

te de operações de risco, gerando súbitas saídas de capitais e agravando, assim, a instabilidade econômica.

É, afinal, um dos argumentos que puderam ser encontrados como explicação para o fato de o pacote do Fundo para o Brasil, em agosto de 2002, não ter estabilizado a moeda brasileira diante do dólar. Na época, críticos do governo afirmaram que o pacote teria apenas a função de permitir que bancos norte-americanos muito expostos no país, apreensivos com o crescimento supostamente insustentável da dívida externa brasileira, resgatassem bônus.

Como se pode perceber, a crítica não era nova no episódio brasileiro: já tinha, ao menos, sido empregada pelo WSJ na condenação do empréstimo comandado pelo FMI durante a crise russa. O editorial informa que Michel Camdessus estava pronto para aprovar um pacote no total de US$ 22,6 bilhões:

> Talvez seja coincidência, mas os contornos deste pacote de socorro ostentam uma forte semelhança com a exposição russa em dívida externa de curto prazo – que, segundo algumas estimativas, vem a ser de cerca de US$ 23 bilhões. Nós não podemos deixar de imaginar: como o FMI entrou no negócio de usar dinheiro do contribuinte dos E.U. para financiar a saída de capital da Rússia?

Enfim, esse editorial destaca-se pela crítica sem rodeios, muito improvável de se ver nos editoriais da *Folha*, normalmente mais respeitosos diante do poder instituído: "A noção de que o FMI vai consertar o parque de diversões russo canalizando bilhões para o seu Banco Central e depois enviando equipes de tecnocratas para ditar reformas é ridícula", afirma o WSJ.

Além disso, afirma o jornal,[14] o dinheiro canalizado por intermédio do FMI também ajudaria os congressistas de forma especial:

> Graças à covardia do Congresso, parece que o Fundo Monetário Internacional vai conseguir os U$ 18 bilhões em dinheiro fresco pelos

---

14 FEAR, GREED AND THE IMF. *The Wall Street Journal*, 20 jul. 1998. Editorial.

quais o diretor-gerente do Fundo, Michel Camdessus, tem sacudido ruidosamente sua xícara desde o último outono. O Senado já aprovou a quantia total. Uma sessão da Casa na semana passada aprovou U$ 3,5 bilhões, e mesmo republicanos como o líder Dick Armey, que tem lutado corajosamente para reformar o FMI antes de enfiar conchas de dinheiro nele, estão agora dizendo que o Congresso provavelmente dará ao Fundo o resto do dinheiro que quer. Esta noção ignora a probabilidade de que, através da pressão por desvalorizações e aumento de impostos na Ásia no ano passado e na Rússia nesta primavera, o FMI ajudou a criar exatamente a crise para cuja solução o sr. Camdessus diz agora precisar de mais dinheiro.

...

Uma eleição se aproxima. E, assim, nossos líderes políticos têm uma infeliz tendência de ver o FMI apenas como outro gigante programa de bem-estar destinado a comprar eleitores, através do qual o dinheiro entra em um círculo vicioso, de forma que os políticos passam-no adiante para selecionar grupos de interesse, tais como *lobbies* de bancos e fazendeiros, os quais, por sua vez, ajudam a custear campanhas eleitorais para ambos os partidos.

Assim, diante do interesse imediato, também os parlamentares abandonariam a discussão sobre a correção das políticas definidas pelo FMI às nações tomadoras de empréstimos, engajando-se em uma defesa que beneficiaria os financiadores de suas campanhas. No entanto, se grandes bancos desfrutavam vantagens inegáveis com os pacotes de socorro do Fundo, qual seria o motivo para os fazendeiros norte-americanos também serem favorecidos pelo Fundo? A resposta do WSJ é semelhante ao argumento apresentado pelo *Financial Times* para mostrar quanto muitos empreendedores dos Estados Unidos estavam ganhando com a crise asiática:

> Grandes bancos gostam dos pacotes de socorro do FMI porque eles são os principais beneficiários do alívio em mercados feridos e de alto risco. E os fazendeiros da América desenvolveram um súbito interesse pelo FMI porque esperam que o dinheiro do socorro vá ajudar a sustentar os preços e a demanda no Exterior pelas exportações dos EU. É para agradar esse pessoal que o Congresso está agora voltado para a mesma estrada que o sr. Clinton – abandonando seu breve interesse em genuí-

nas questões de princípios, tais como se o dinheiro do FMI é mais capaz de ajudar economias ou arruiná-las.

Isto é, encontra-se aqui novamente a idéia de que a estratégia de ação do FMI teria servido para abrir mercados para produtos norte-americanos. No contexto, a atuação do Fundo teria, como uma de suas principais metas, a defesa dos interesses dos Estados Unidos sobre as nações tomadoras de empréstimos na forma de pacotes de socorro acompanhados de condicionalidades.

No *Financial Times*, essa perspectiva foi esboçada em várias oportunidades, já analisadas aqui. Mas enquanto o FT parece de fato acreditar nas vantagens proporcionadas pela crise asiática, o WSJ as vê como ilusórias – ou fruto de interpretações equivocadas de congressistas que pensavam estar auxiliando exportadores norte-americanos igualmente iludidos.

O contexto da crítica do WSJ ao FMI assume também outra diferença em relação às perspectivas arquitetadas pelo FT. O jornal britânico assinalou que a desordem financeira era algo intrínseco aos mercados, cabendo ao FMI estabelecer mecanismos de prevenção e controle de crises. Já no cenário veiculado pelo WSJ, encontra-se de forma reiterada a perspectiva de que as crises financeiras estavam sendo, se não diretamente provocadas pelo FMI e sua preferência por desvalorizações cambiais, ao menos alimentadas pela instituição e pela eliminação do risco moral.

Essa diferença entre FT e WSJ resulta também em outra distinção, esta relativa à maneira como cada um dos veículos avalia o risco de a economia mundial aproximar-se de uma recessão, em parte como conseqüência da desordem financeira.

Na verdade, não só o FT, mas também a *Folha* de fato publicaram editoriais e artigos que assinalaram, com ênfase, a possibilidade de uma desaceleração econômica materializar-se em um futuro breve. Ambos defenderam a construção de uma nova arquitetura internacional, com o FMI na dianteira, para fazer frente às exigências de regulação financeira e disciplinar a economia em direção ao crescimento da produção. A *Folha* chegou, inclusive, ao extremo de argumentar que o fortalecimento do FMI deveria significar um contraponto à autoridade dos Estados Unidos na condução da economia mundial.

O WSJ, no entanto, difere bastante das perspectivas da *Folha* e do *FT*. O veículo norte-americano já havia levantado durante a crise asiática, ainda que de maneira superficial, a hipótese de recessão, atribuindo ao FMI e aos seus pacotes de socorro a responsabilidade por torná-la mais próxima.

Mas, após a moratória russa, um editorial do WSJ[15] novamente apresenta o Fundo como parte das causas de uma marcha recessiva possivelmente em curso: "Historicamente, uma queda repentina nos mercados de ações prenuncia recessão na economia real somente em metade das vezes", pondera o veículo. "Na outra metade, os formuladores de política econômica entendem o recado a tempo."

No entanto, os líderes responsáveis pela gestão econômica não estariam, afinal, captando o recado e, assim, a situação revelava-se crítica, próxima de um desastre. Bastaria um deslize mais grave das autoridades para desencadear um duro processo recessivo, segundo o WSJ. "A desvalorização russa, que veio à medida que o presidente Yeltsin perdia poder e o presidente Clinton se autodestruía, foi claramente a centelha imediata", embora "nem o valor do rublo ou a produção russa fossem importantes para o comércio mundial", diz o editorialista.

A mensagem dada pelos fatos, ainda que não percebida pelas autoridades, era direta: "Um contínuo ciclo de alcance mundial de desvalorização e colapso de liqüidez seria de fato um grande acontecimento, ao qual a economia real nos EU poderia não estar imune". E, além dos presidentes russo e norte-americano, também havia outro ator cego para o risco de depressão: "O FMI e o que ele representa são o problema, não a solução".

Em resumo, após a moratória russa, o *The Wall Street Journal* completa o ataque ao FMI e exige seu fechamento. O jornal sim-

---

15 INTERDEPENDENCE, AFTER ALL. *The Wall Street Journal*, 2 set. 1998. Editorial.

plesmente ridiculariza a possibilidade de construção de uma nova arquitetura para as finanças globais. Artigo do jornal[16] defende a idéia de que o mais eficiente na resolução da desordem financeira seria fechar o FMI.

Da crise asiática à moratória russa, o veículo intensificou essa crítica, chegando inclusive a dar cada vez mais relevo à possibilidade de haver uma iminente desaceleração econômica mundial em curso. Para o WSJ, a ameaça de recessão é a prova cabal da necessidade de dar um fim urgente ao FMI – e da sua incapacidade de exercer qualquer atitude benéfica para a economia global.

O veículo considera que a discussão em torno da reformulação do sistema financeiro mundial mostra-se muito abstrata, além de contraditória, uma vez que, enquanto Clinton e Rubin falavam em mudança, continuavam a "pedir" dinheiro para fazer mais do mesmo:

> O sr. Clinton disse que determinou ao sr. Rubin que se reúna com seus pares ministros das finanças em todo o mundo para delinear uma nova "arquitetura" para as finanças globais. Mas o que o sr. Rubin estava pedindo ao Congresso pareceu nada mais ou nada menos do que um pretexto para US$ 18 bilhões em suporte à arquitetura existente que, no que diz respeito aos governos, está centralizada no débil edifício conhecido como Fundo Monetário Internacional.

Dessa forma, esse discurso vazio contrastava com a urgência de reverter um quadro de contração iminente para a economia ocidental que, este sim, parecia bastante real, ao menos na perspectiva do jornal:

> Certamente, a queda brusca nos valores dos ativos naquelas regiões [Ásia e Rússia] afetaram investidores no Ocidente, levando-os a perder liquidez. Wall Street dificilmente precisa ser lembrada de que ocorre algo como um derretimento nos EU. Isto pode trazer ações para baixo, para níveis mais apropriados, mas, se continuar, também poderia gerar conseqüências para a economia americana.

---

16 MELLOAN, George. New "Architecture" for Global Finance? Please Specify. *The Wall Street Journal*, 22 set. 1998. Opinião.

Na verdade, assinala o texto, o discurso é essencialmente vazio inclusive porque Clinton e equipe estavam impotentes diante das circunstâncias:

> Deveria estar claro, mesmo em uma Washington desatenta, que o discurso do sr. Clinton foi, em sua maioria, ar quente. Ministros das finanças não vão sentar-se e conceber alguma nova "arquitetura" e, mesmo se o fizessem, ela provavelmente não funcionaria melhor do que a presente arquitetura. Ministros das finanças e bancos centrais não governam o mundo – o mundo os governa.

Assim, mesmo diante de um novo cenário político, no qual são colocadas as perspectivas para o desenho de um formato diferente para o FMI, a resposta do WSJ permanece a mesma que havia sido posta antes e já descrita aqui: mais liberalismo econômico e o fim da instituição. O momento era, mais do que nunca, adequado a este desfecho:

> À medida que os recursos do FMI encolheram depois de uma incrível farra de subsídios às tolices de governos e emprestadores, é de fato uma boa ocasião para procurar por outras abordagens de políticas. A abordagem mais prática seria deixar aqueles mesmos governos e emprestadores resolverem as coisas por eles próprios.

Em resumo, pode-se dizer que, após as crises russa e asiática, o ataque ao FMI tornou-se cada vez mais consistente e generalizado. E esse cenário adquiriu novos contornos com a crise cambial brasileira ocorrida em janeiro de 1999. Esse é o assunto tratado no próximo capítulo.

8
Os segredos da política cambial brasileira

A correção cambial que o Brasil iniciou em 14 de janeiro, terceiro episódio da crise financeira de repercussão global considerado aqui, adquiriu contornos objetivos na tradução efetuada por analistas da mídia global.

Folha de S.Paulo, *Financial Times* e *The Wall Street Journal* ampliaram o ataque ao FMI, apresentando diversos argumentos para exigir a transformação da instituição ou simplesmente sua extinção. O título do editorial da *Folha*, "A solidão dos pobres",[1] é representativo da tese que o jornal encampou. A despeito da criação de muitas expectativas sobre a reformulação do FMI e a renovação das condições para o crescimento econômico mundial, o que se via nos meses que antecederam o acordo da instituição com o Brasil, segundo perspectiva expressa pelo veículo, era mais do mesmo. Assim, embora houvesse, de fato, a possibilidade de o país obter mais recursos do Fundo, na verdade eles estariam atados às mesmas políticas de austeridade tradicionalmente preferidas pela instituição. E, nesse caso, o Brasil não tinha o que comemorar. Embora existisse uma "auspiciosa intenção de oferecer recursos ao Brasil", eles viriam ape-

---

[1] A SOLIDÃO DOS POBRES. *Folha de S.Paulo*, São Paulo, 17 set. 1998. Editorial.

nas com a "contrapartida de um ainda mais doloroso plano de ajuste da economia".

E, segundo a *Folha*, as autoridades monetárias mundiais estavam condenando até mesmo esparsas tentativas de países emergentes controlarem seus mercados:

> O presidente do Fed, aliás, condenou as intervenções do governo de Hong Kong no mercado de ações, como aliás o Brasil vinha discretamente fazendo. Em suas palavras, isso pode "prejudicar a credibilidade das autoridades monetárias locais".
>
> O cenário continua, pois, sombrio para os países em desenvolvimento. Além de mais pobres e, agora, empobrecendo mais, os "emergentes" parecem condenados a enfrentar a crise com muito menos solidariedade dos mais ricos do que se poderia esperar.

O jornal denuncia que as negociações entre a equipe econômica do governo e o Fundo para a definição de um novo empréstimo ocorreram sem transparência, ao abrigo do escrutínio público, e em função do calendário eleitoral, ou seja, para produzir resultados que favorecessem a reeleição de Fernando Henrique Cardoso.

"A condução da política econômica brasileira parece estar se submetendo demasiadamente ao calendário eleitoral", sustenta a *Folha* em editorial.[2] "Há mesmo sinais de que o pedido de socorro a organismos multilaterais e ao FMI estaria sendo postergado por esse motivo." A falta seria grave:

> Se o governo, como parece provável, anunciar imediatamente após a votação um conjunto de medidas mais duras, de acordo com o receituário do FMI, estará repetindo gestos lamentáveis de governos passados, os quais se tornaram conhecidos como "estelionato eleitoral".

Além disso, o jornal exige uma discussão que viria, mais tarde, a preencher a agenda temática das especulações de analistas econômicos sobre o futuro do país. Trata-se do debate sobre a capacidade de

---

2 COM MEDO DE SER INFELIZ. *Folha de S.Paulo*, São Paulo, 18 set. 1998. Editorial.

muitos países emergentes, entre eles destaca-se o Brasil, arcarem com os encargos de sua dívida pública. A questão veio então à tona por causa da moratória russa, declarada de forma unilateral, justamente da maneira que representa ruptura de contratos, portanto, mais efeitos deletérios pode trazer para credores e devedores.

"Na crise financeira global, esquemas provisórios têm se mostrado flagrantemente insuficientes", analisa a *Folha*.[3] "Talvez seja melhor para credores e devedores reestruturar quanto antes as dívidas, antes que elas se tornem efetivamente impagáveis."

A idéia de considerar o FMI um "mal necessário" para o Brasil em função dos desacertos do governo brasileiro é reiterada pela *Folha*. Em editorial,[4] o veículo lamenta a involução do país e afirma que o acordo com o FMI era imprescindível naquele cenário: "Há estimativas de que sem no mínimo US$ 35 bilhões de ajuda externa a moeda brasileira poderá ter o mesmo destino do peso mexicano em 1994, do *baht* tailandês em 1997 ou do rublo russo em agosto passado".

O texto reconhece a influência do ambiente externo. "É verdade que, em boa medida, o abalo na credibilidade da moeda brasileira decorre da onda de desconfiança e do contágio da fuga de capitais ocorridas em outras economias." Mas a responsabilidade final é do governo: "Entretanto, é ingênuo (para não dizer capcioso) atribuir a condição de bola da vez do Brasil apenas ao efeito de contágio. Como em muitas enfermidades, o contágio ocorre quando os corpos das vítimas estão fragilizados, sem as devidas defesas", compara o editorialista. "No caso brasileiro, as fragilidades são evidentes há bom tempo." Os erros apontados pelo texto são, além da política de juros altos, a "lentidão" das reformas do Estado e do ajuste fiscal.

Mesmo com US$ 30 bilhões do FMI, superávit fiscal e nova política cambial, a penúria era inevitável, segundo a *Folha*.[5] Seria pos-

---

3 COBERTOR CURTO. *Folha de S.Paulo*, São Paulo, 2 out. 1998. Editorial.
4 DE VOLTA À ESTACA ZERO. *Folha de S.Paulo*, São Paulo, 4 out. 1998. Editorial.
5 ALÉM DO AJUSTE FISCAL. *Folha de S.Paulo*, São Paulo, 18 out. 1998. Editorial.

sível, é verdade, contê-la com medidas para estimular a produção nacional, mas o FMI provavelmente não concordaria com elas, lamenta o editorialista. "Mesmo com recessão, quais serão as políticas de defesa da estrutura produtiva nacional?", questiona. "O FMI, a julgar pelas exigências da maioria republicana no Congresso dos EUA, condicionará seus empréstimos a uma abertura comercial ainda maior dos países sob monitoramento."

No contexto criado pela *Folha*, o dinheiro do FMI revelava-se imprescindível, e algumas condicionalidades seriam até adequadas, como o ajuste fiscal. Mas outras iriam dificultar a recuperação econômica. O discurso que marcaria de forma determinante a campanha eleitoral de 2002 já preenchia a esfera pública construída pelo jornalismo de opinião brasileiro em 1998, em relação à exigência de políticas de crescimento econômico e às pressões pela redução da taxa de juros, conforme o demonstra, entre diversos outros textos opinativos da *Folha*, este editorial,[6] que cita um relatório do banco J. P. Morgan sobre o caráter insustentável da política de juros do governo brasileiro:

> Até agora, a ordem dos fatores sugeria que, anunciado o ajuste fiscal, viriam os recursos externos, o governo reduziria então as taxas de juros e, gradualmente, surgiria uma oportunidade para a correção gradual da taxa de câmbio. Em alguns meses, o equilíbrio das contas públicas e das contas externas seria realizável.
> Num ambiente menos benigno, a queda de juros passa a ser prioritária.
> Com juros menores, diminuiria a pressão das despesas financeiras sobre as contas do governo. Diminuiria também a atratividade dos investimentos em reais, o que poderia levar a uma antecipação na correção da taxa de câmbio. Seria maior o risco na área cambial, mas com melhores chances de um ajuste mais rápido na área fiscal e no comércio exterior.

---

6 CORRENDO CONTRA O TEMPO. *Folha de S.Paulo*, São Paulo, 21 out. 1998. Editorial.

E, embora o ajuste fosse necessário, não bastaria para fazer o país retomar o caminho do crescimento, conforme editorial da *Folha*.[7] Cabe examinar como a discussão que ganhou o cerne das campanhas eleitorais de 2002 já preenchia a esfera pública construída pelo jornalismo de opinião ao menos quatro anos antes.

Assim, o texto aponta que a recessão impunha um duro desajuste externo, expresso na crescente dificuldade de o país fechar suas contas. O próprio acordo com o FMI deveria ser visto dentro desse contexto:

"A percepção de um quadro tão grave nas contas externas do país provavelmente está entre as causas do anúncio, no final da semana passada, de um possível aumento do pacote de ajuda ao Brasil, dos US$ 30 bilhões inicialmente previstos para algo em torno de US$ 45 bilhões", assinala o editorialista.

A *Folha* exigia do governo a definição de políticas que estimulassem o crescimento e reduzissem a dependência de capitais estrangeiros, em um quadro já marcado pela retração do crédito internacional:

É, portanto, nesse contexto de dificuldades que o ajuste fiscal anunciado precisa ser situado. São desafios que dizem respeito diretamente à capacidade da economia brasileira de voltar a receber e gerar dólares.

Ora, essa capacidade não é um dom natural. Ela não decorre do ajuste fiscal, mas exige todo um leque de políticas de comércio exterior e de atração de investimentos diretos estrangeiros, de fomento a exportações e redução do custo Brasil.

Anunciado o pacotaço fiscal, resta ainda saber quando, e como, poderá o governo abrir esse outro leque de medidas, sem as quais os desajustes econômicos brasileiros continuarão altamente preocupantes.

De fato, em novembro de 1998, a dois meses da desvalorização cambial, o jornalismo de opinião da *Folha* é marcado pela exigência de redução dos juros e revisão da política cambial.

---

7 OS DESAJUSTES BRASILEIROS. *Folha de S.Paulo*, São Paulo, 1º nov. 1998. Editorial.

E, também para o *Financial Times*, cortar as taxas de juros era imprescindível. "... o Brasil está rapidamente deslizando para dentro de uma recessão", argumenta um editorial.[8] "A menos que o governo ponha em prática as importantes reformas e corte as taxas de forma significativa até o fim do ano, provavelmente vai arriscar-se a sofrer confrontação política em casa e outro ataque especulativo do Exterior."

Outra perspectiva do FT, semelhante ao quadro construído pela *Folha de S.Paulo*, diz respeito à crítica à política cambial escolhida pelo governo brasileiro. Se a *Folha* afirmara repetidamente que parte das dificuldades vividas pelo Brasil no momento se deviam à rigidez do câmbio, o FT faz um balanço das políticas então consideradas adequadas para prevenir crises e conclui que o regime cambial brasileiro as afrontava. O Brasil provavelmente não teria precisado do FMI caso tivesse empregado um sistema de câmbio flutuante, segundo artigo do FT.[9] Taxas de câmbio flutuantes "economizam os recursos do emprestador internacional de última instância", diz o articulista:

> De fato, a principal recomendação do G-7 para lidar com o contágio [por crises financeiras], a "linha contingente de crédito a curto prazo", é, na prática, requisitada principalmente para estabilizar regimes cambiais fixos, tal como agora no Brasil. Sob taxas de câmbio flutuantes, fundos externos ainda podem ocasionalmente ser requeridos para interromper colapsos da taxa, mas esses são provavelmente mais incomuns e menos dramáticos do que quando uma taxa fixa é quebrada.

Para concluir seu argumento, o autor adapta a seu exemplo um conhecido aforismo do discurso político. "Taxas de câmbio flutuantes são o pior sistema possível – exceto por todos os outros."

Em geral, a crítica do FT ao governo brasileiro é semelhante àquela apresentada pela *Folha*. Ambos condenam as altas taxas de

---

8 BRAZIL. *Financial Times*, 29 out. 1998. Opinião.
9 WOLF, Martin. Currency Vacuum: There is a Gaping Hole at the Centre of the G7's Plan to Prevent a Recurrence of the Recent Financial Crises. *Financial Times*, 4 nov. 1998. Opinião.

juros necessárias à manutenção do câmbio artificial, que impedem o crescimento e dificultam o processo de ajuste fiscal.

No entanto, era difícil, no momento, segundo a *Folha*, saber se o FMI iria admitir a correção do câmbio ou posicionar-se contra a medida. Para o veículo, a discussão sobre um tema tão central para a economia permanecia velada. Encontra-se aqui a crítica ao fato de as negociações entre a equipe econômica do governo e o Fundo ocorrerem sem transparência, ao abrigo do escrutínio público.

O segredo em torno das negociações com o FMI constituía, na ótica do jornal,[10] uma violação da ordem democrática brasileira. "Recorrer ao Fundo Monetário Internacional já foi considerado algo execrável pelos mais ardorosos defensores da soberania nacional", provoca o jornal. "Mas, ainda que nas atuais circunstâncias o acordo com o Fundo seja recebido até com um certo alívio, nem por isso a sociedade brasileira está obrigada a tomar o remédio sem ler a bula", argumenta. "O Ministério da Fazenda não submeteu ao Senado os documentos do acordo com o Fundo. ... É importante que isso ocorra para todas as operações internacionais, sob o risco de se projetar uma sombra quanto ao teor e alcance da política econômica brasileira."

Aqui, o jornalismo de opinião da *Folha* preenche de maneira incisiva a esfera pública, apontando que, mais grave que ser forçado a recorrer ao FMI, era desconhecer as conseqüências do acordo com o Fundo para a economia brasileira.

Esse contexto soma-se à idéia do FMI como "mal necessário" ao país e evidencia que o mal poderia ser tanto pior quanto mais fossem escondidos do público os detalhes do acordo com a instituição. E, ainda desse cenário, deduz-se que a *Folha* parece exigir transparência para perceber justamente sobre qual ponto deve exercer pressão pela adoção das medidas que deseja para o país, conforme explicitado em editoriais antes analisados: em geral, políticas para a promoção do crescimento econômico e, com elas, a transformação do qua-

---

10 SEGREDOS DO FMI NO BRASIL. *Folha de S.Paulo*, São Paulo, 28 nov. 1998. Editorial.

dro de dependência do ingresso de capitais para o Brasil bancar seu déficit em conta corrente.

O problema, na perspectiva da *Folha*,[11] estava claro. "Uma imagem resume o contraponto entre o que se acordou com o FMI e o que falta esclarecer: o apoio internacional impede que o barco afunde, mas nem por isso já se sabe para onde será possível guiá-lo." Para o jornal, as tradicionais receitas impostas pelo FMI aos países "socorridos" estavam de volta à ativa no caso brasileiro, trazendo resultados desastrosos, a exemplo do que ocorrera na Ásia.

"O fim do subsídio aos combustíveis anunciado pelo governo federal tem uma explicação: a medida reforça o programa de ajuste fiscal acordado com o Fundo Monetário Internacional, condição necessária para evitar uma crise cambial no país", argumenta a *Folha*.[12] "Em outras palavras, para manter o câmbio – um preço fundamental – numa posição tida por muitos como irrealista, o governo manipula outro preço estratégico, com impactos em todo o sistema produtivo."

A medida deveria ser considerada dentro do quadro das condicionalidades definidas pelo FMI às nações que recebem seu dinheiro. "É sabido que o Fundo inclui a eliminação de subsídios em suas receitas de ajuste fiscal", admite o texto. "Mas nem sempre a consistência dessa diretriz com outras prioridades de política econômica é assegurada. Em alguns casos, aliás, o FMI volta atrás (como se viu com a decisão de eliminar os subsídios ao arroz na Indonésia)."

O editorial discute, então, o próprio mérito da ação de eliminar subsídios. Se existiria nela de fato algum valor inicial, não era possível afirmar que o resultado seria benéfico ao Brasil. Errava o FMI e, com ele, o governo brasileiro. Para a *Folha*, afinal, ao menos essa parte das condicionalidades do novo acordo com o Fundo seria prejudicial ao Brasil e comprometeria a adoção de políticas adequadas

---

[11] O FMI É SÓ O COMEÇO. *Folha de S.Paulo*, São Paulo, 3 dez. 1998. Editorial.

[12] COMBUSTÍVEL FISCAL. *Folha de S.Paulo*, São Paulo, 7 dez. 1998. Editorial.

ao país: "... os combustíveis, especialmente num país como o Brasil, onde o transporte rodoviário é predominante, são também um importante fator de custo", avalia o texto. "Ou seja, ao permitir um aumento nesse preço, o governo encarece a produção, afeta a competitividade do país e assim dificulta a redução do desequilíbrio externo."
Premido pela exigência de defender a moeda e mantendo para isso altas taxas de juros, o governo via o desequilíbrio das contas públicas aumentar. No entanto, se o FMI sabidamente exigia a adoção de medidas de redução desse desequilíbrio, como poderia tolerar o câmbio sobrevalorizado? A incerteza, segundo a *Folha*, pressionava ainda mais a moeda, contribuindo para manter os juros altos, que por sua vez comprometiam o reequilíbrio das contas públicas, e assim por diante.
Mas a ruptura deveria estar próxima, a *Folha* parece sugerir em editorial.[13] "Sem contas públicas equilibradas, não há estabilidade duradoura da moeda", pondera o texto. "Mas, nas condições atuais, a defesa da moeda aumentou o desequilíbrio das contas públicas. Essa é a realidade, contraditória, da economia brasileira hoje."
Segundo o editorialista, era "lamentável" que o governo gastasse em um só mês R$ 7,1 bilhões com o pagamento de juros. "E a tendência é de piora, como admitiu o chefe do Departamento Econômico do BC, Altamir Lopes, pois em outubro os juros subiram ainda mais."
Apesar de o déficit nos governos estaduais e municipais ter aumentado e chegado a 0,31% do PIB no período entre janeiro e setembro de 1998, segundo a *Folha*, o governo teria prometido ao FMI um superávit naquelas contas, em 1999, de 0,4% do PIB:

> Esses números poderão trazer dificuldades financeiras externas, pois a defesa do real por meio de juros altos é obviamente contraditória. Se não houver credibilidade na capacidade de o governo fechar suas contas, a alta dos juros só criará desconfiança.

---

13 CONTAS QUE NÃO FECHAM. *Folha de S.Paulo*, São Paulo, 9 dez. 1998. Editorial.

Além dos efeitos sobre as contas públicas, os credores externos estão atentos aos impactos sobre o setor privado de juros tão elevados. Embora a inadimplência nos bancos não seja ainda alarmante, a taxa (que inclui transferências de dívidas dentro do setor público) chegou em outubro ao pior nível desde 96 (9,2%).
A defesa da âncora cambial contribui no nosso caso para o desajuste das contas públicas. Juros altos demais são uma política econômica artificial. As duas frases são verdadeiras. Resta saber até quando.

Dessa maneira, a *Folha* sugere que existiriam, sob o acordo do FMI, condicionalidades que colocavam exigências incompatíves entre si; a fim de serem resolvidas, elas demandavam a tomada de decisões cujo teor, embora desconhecido, geraria conseqüências iminentes.

Sintomaticamente, encontra-se aqui de maneira implícita um quadro semelhante ao construído por *The Wall Street Journal* e *Financial Times*. Ou seja, os três veículos acusaram o FMI de atuar em segredo, de forma furtiva.

Segundo essa crítica, da instituição sabia-se apenas, na prática, que ela defendia desvalorizações cambiais como a que desencadeou a própria crise na Ásia, em julho de 1997. Muitos textos assinalaram que o Fundo jamais reconhecera publicamente essa tendência, e que a falta de transparência traria ainda mais instabilidade aos mercados financeiros.

Assim, determinadas metas acertadas entre Brasil e FMI pareciam contraditórias para a *Folha*, se mantida a política cambial então em curso. Uma análise apresentada por outro texto do jornalismo de opinião desse veículo[14] sugere que a contradição era importante e teria de ser resolvida de alguma forma em breve. Com esse texto, a *Folha* parece reiterar que a correção cambial era iminente.

"Quando publicados, os termos dos acordos do país com o FMI são sempre submetidos a uma cuidadosa auditoria para determinar

---

14 NETTO, Antonio Delfim. Exportar a dúvida. *Folha de S.Paulo*, São Paulo, 9 dez. 1998. Opinião.

sua consistência interna", explica o economista Antonio Delfim Netto, na época colaborador semanal da *Folha*. "A análise técnica procura descobrir se há algo 'por trás' do que está escrito." Assim, quando os números do acordo foram conhecidos, especulou-se sobre um dado em especial, assinala Delfim Netto: a previsão para o aumento das exportações em 1999, de 7,1%, número incoerente com a configuração geral da economia brasileira.

Não é possível dizer se o aumento das exportações pode ser obtido apenas com o crescimento do comércio mundial (que em 1999 será menor do que em 1998) e uma redução de 1% do PIB, ajudado por uma depreciação cambial de 7% ou 8%, de acordo com a regra atual. É preciso conhecer a composição do aumento de 7,1%: quanto se deverá ao aumento dos preços e quanto se deverá ao aumento físico. Não é provável que a previsão de uma exportação de US$ 57,6 bilhões em 1999 embuta um aumento importante dos preços, diante do quadro de pequena deflação mundial que vivemos. Deve-se supor, portanto, que ela implique um aumento físico das exportações, o que não parece fácil diante da safra agrícola que se espera e da ampliação das exportações físicas de manufaturas de nossos concorrentes nos terceiros mercados. ... Logo, o número sugere "algo" sobre o câmbio.

O autor desconversa e não define o que seja esse "algo", mas é, naturalmente, possível deduzir desse contexto e do cenário criado pelo editorial da *Folha* publicado no mesmo dia, analisado acima, que se trata de correção cambial. Isto é, nessa perspectiva, as projeções do acordo com o FMI já teriam contabilizado os efeitos de uma desvalorização cambial, embora nem o governo nem o FMI admitissem-no.

De resto, a idéia de que o acordo com o FMI criou as condições para que o Brasil pudesse adiar a desvalorização cambial para depois das eleições, sustentando a candidatura de FHC à reeleição e atendendo ao desejo do governo norte-americano, foi expressa por Delfim Netto em artigo posterior (2002). "Sem a ajuda do pacote coordenado pelo FMI (por inspiração e com total apoio dos EUA), o País teria sido levado à desvalorização do câmbio antes do pleito", diz o economista. "Com toda a probabilidade, a reeleição de Fernando Henrique Cardoso teria sido abortada e o Brasil teria sido entregue, pelas urnas, ao senhor Luís Inácio Lula da Silva."

Um artigo de Jeffrey Sachs,[15] contumaz crítico do FMI e colaborador regular do *Financial Times*, reitera a perspectiva apresentada pela *Folha*: a de considerar que FMI e governo brasileiro estavam em consonância na montagem do acordo "eleitoreiro". Sachs também diz que a correção deveria ter ocorrido muito antes e considera o entendimento entre o Brasil e o Fundo como mais um dos erros da instituição:

> Os acordos do Fundo Monetário Internacional com o Brasil nos últimos dois anos constituem uma lição sobre as falhas da administração monetária. Como resultado de erros de política monetária, o Brasil enfrenta uma excessiva e desnecessária recessão. Em um aspecto, a história é direta: o Brasil defendeu uma moeda supervalorizada até que ela finalmente quebrou. O maior mistério, e a maior preocupação para o futuro, é a cumplicidade do governo dos EU e do FMI nesta asneira.
>
> ...
>
> Assim, aqui estava o Brasil em outubro de 1998, agora com crescimento econômico zero, uma recessão em afloramento, uma taxa de câmbio enormemente supervalorizada, uma dívida interna em crescimento rápido, em um claro cenário do colapso russo, e o suporte do FMI para defender a moeda. É claro, uma grande parte da história (como no México em 1994) era que a reeleição do sr. Cardoso estava simplesmente por perto.

Ora, se o FMI não desejava a ruína do Brasil, então por que teria assim agido? Sachs dá algumas respostas, entre as quais duas são importantes para a perspectiva delineada aqui. "Os investidores dos EU queriam tirar seu dinheiro da Rússia e do Brasil sem perdas induzidas por desvalorizações", diz. "O FMI (e os EU) queriam apoiar a reeleição do sr. Cardoso", completa.

---

15 SACHS, Jeffrey. Self-Inflicted Wounds: It is Dangerous to Fall in Love with Exchange Rate Pegs, as Brazil Discovered to its Cost. Countries should Discard them as soon as they Have Stablished Internal Prices. *Financial Times*, 22 jan. 1999. Opinião.

O *The Wall Street Journal* apresenta perspectivas semelhantes. Um editorial[16] afirma que a atuação do FMI era geralmente vista como um instrumento para permitir a saída de investidores de situações difíceis. E, se você recebe um presente, qual é o mal em aceitá-lo?, ironiza o jornal. O problema, segundo o cenário veiculado pelo WSJ, é que a "bênção" do FMI sobre um pacote de socorro representaria um verdadeiro "beijo da morte":

> Sob o interesse da estabilidade do setor financeiro dos EU, a linha de crédito do FMI vai dar suporte à saída dos bancos dos EU, exauridos, mas solventes; e o FMI vai proceder com suas panacéias, as quais, se a história servir de guia, vão devastar os brasileiros.

Além disso, o WSJ denuncia em editorial[17] a cumplicidade escusa entre o Brasil e o FMI na decisão de desvalorizar o câmbio. Curiosamente, o jornal apresenta um depoimento dado por Francisco Lopes, que acabara de assumir a presidência do Banco Central, confirmando a anuência do Fundo. Lopes teria dito que a decisão de "desvalorizar o real não só tinha sido dentro do espírito do acordo com o FMI, como também a ação teria sido realizada em consulta com o FMI".

O FMI não tinha sido tão "sincero", diz o editorialista. "Parece que a Casa Branca pode não ser a única que tem problemas em responder perguntas diretas", satiriza. "A Reuters informa que um porta-voz [do Fundo] não soube dizer se o FMI tinha sido informado com antecedência sobre a ação do Brasil. 'Nós estamos examinando com cuidado a situação', disse o porta-voz, 'mas por enquanto não temos nada a declarar'."

Dessa forma, a ironia serve ao propósito de insinuar que, no final das contas, o acordo entre o Brasil e o FMI de fato programara a desvalorização do real. Se essa perspectiva foi denunciada pela *Folha* e sugerida pelo FT, no WSJ é simplesmente usada para ridicularizar

---

16 AN IMF KISS FOR BRAZIL? *The Wall Street Journal*, 19 out. 1998. Editorial.
17 GET REAL. *The Wall Street Journal*, 15 janeiro 1999. Editorial.

o fato de as duas partes não terem, ao menos, acertado como iriam apresentar o ajuste cambial ao público.

Outro artigo do WSJ[18] chega a dizer que a declaração de Lopes tinha sido um ato falho que teria envergonhado a direção do Fundo:

> Aquilo deve ter embaraçado Camdessus e companhia, que têm levado artilharia pesada por terem promovido aquelas desastrosas desvalorizações na Ásia. O sr. Lopes e o ministro da Fazenda brasileiro, Pedro Malan, foram convocados por Washington, talvez para tentar ajudar o sr. Camdessus, o sr. Rubin e o sr. Summers a forjar uma história que soasse melhor.

Ora, FT e WSJ acusam o FMI de acertar metas em segredo com os governos das nações "socorridas", à revelia das populações daqueles países. Nesse aspecto, a atuação do Fundo significaria uma intromissão sem objetivos revelados sobre a economia daquelas nações e, como conseqüência, perda da soberania daqueles Estados.

Embora a perspectiva seja parecida entre os três jornais, difere um pouco por razões que podem ser estimadas aqui, deduzidas da orientação geral apresentada em cada um dos perfis editoriais.

Dessa maneira, se o FT chega a explicitar essa natureza de crítica ao FMI, o faz em poucos textos e de forma contida, porquanto defenda uma mera "reforma" do FMI e deposite sobre a instituição a responsabilidade de atuar como "cão de guarda da economia mundial", desfrutando do *status* de "neutralidade" para impor posições que significam, afinal, a defesa de interesses dos países enquadrados pelo arranjo hegemônico liderado pelos Estados Unidos.

Porém, o WSJ conforma a crítica de maneira enfática, uma vez que considera que as crises financeiras são perpetuadas exatamente pelos pacotes de socorro do FMI, que salvam investidores das conseqüências desastrosas de suas más apostas, estimulam mais imprudência, provocam instabilidade nos mercados financeiros e significam interferência nociva do Estado na economia.

---

18 MELLOAN, George. What Happened to that "Global Architecture"? *The Wall Street Journal*, 19 jan. 1999. Opinião.

Já a *Folha* simplesmente formula o ataque de forma velada. Como esse jornal considera o FMI um mal necessário, ao qual o Brasil recorre somente para remediar erros da política econômica do governo FHC, não ataca diretamente a instituição. Mas não deixa de reconhecer quão furtivas foram as negociações entre a burocracia brasileira e o Fundo, nem de apontar contradições resultantes das metas definidas por acordos feitos às escondidas.

A *Folha* dá, inclusive, coerência insuspeitada a esta posição: o jornal lamenta repetidamente os termos do acordo com o FMI, mas não deixa de admitir que recorrer ao Fundo foi uma imposição que teria resultado diretamente de escolhas feitas pelo governo e pelas "elites" que o apóiam.

Tome-se a esse respeito, por exemplo, este editorial,[19] que discute a função do FMI na atualidade. "As avaliações sobre o papel do FMI oscilam entre o reconhecimento de que tudo se resume a fazer com que os governos se curvem à lógica econômica, por um lado, e a denúncia de uma suposta perda de soberania nacional, por outro", diz o texto.

Mas essas visões são ingênuas, argumenta o editorialista. Não porque estejam erradas, mas porque traduzem apenas a superfície da realidade. No fundo, tanto a perda de soberania quanto a subordinação à lógica econômica são reais, mas não resultado de acasos irracionais ou imposições externas unilaterais. São, isso sim, decorrência de escolhas objetivas. "... o entendimento entre o governo brasileiro e o FMI foi muito além do que se supõe e mesmo do que admitiam as autoridades", detalha o jornal. "Até mesmo o ritmo de redução dos juros dependerá de consultas prévias aos técnicos do Fundo. É uma conseqüência penosa da opção do governo por uma política de estabilização que alargou e aprofundou a dependência financeira externa."

Para o editorialista, deveriam ficar claras as razões para o impasse então enfrentado pelo Brasil, que resultaria da "incapacidade de-

---

19 FMI ENTRE LÓGICA E POLÍTICA. *Folha de S.Paulo*, São Paulo, 11 dez. 1998. Editorial.

monstrada pelo governo, ao longo dos quatro anos que se seguiram ao lançamento do real, de fazer uma reforma do Estado". Segundo o veículo, "a dependência externa que se agrava é também o reflexo da falta de iniciativa política interna para transformar o padrão de financiamento público".

Esse editorial alimenta mais uma vez o que aqui foi descrito como tese do "mal necessário". Ou seja, para a *Folha*, precisar do socorro do FMI era incômodo, mas nada mais que uma lamentável conseqüência concreta que resultou das políticas então escolhidas pelo governo brasileiro: "Paradoxalmente, é a elite política brasileira que determina a dependência externa, não o FMI ou os credores que empurram o país para uma situação de heteronomia", sentencia a *Folha*.

Além disso, já naquele momento, falava-se em crise do "modelo econômico" adotado pelo governo, outro argumento muito empregado durante a campanha eleitoral de 2002. A crise era visível, segundo o jornal:[20] "Cada vez mais, percebe-se um mal-estar difuso diante do modelo adotado pelo atual governo". A situação implicava a perda de soberania nacional:

> O presidente Fernando Henrique Cardoso chegou a prometer que haveria uma transição rumo a políticas voltadas para a produção, e não mais apenas de defesa da moeda. Nas últimas semanas, no entanto, esse horizonte ficou turvo, a ponto de o governo se ver obrigado a abrir mão até mesmo da autonomia para decidir o ritmo de redução das taxas de juros.

Assim, eram justamente as exigências da esfera financeira, refletidas no imperativo de o Brasil obter crescentes superávits fiscais, que comprometiam a adoção de políticas de estímulo ao crescimento econômico. Se, durante a crise asiática, a *Folha* já havia assinalado quanto as demandas financeiras resultavam na contração da esfera produtiva, ou da "economia real", nas palavras do jornal, agora o fe-

---
20 ASFIXIA DA PRODUÇÃO. *Folha de S.Paulo*, São Paulo, 13 dez. 1998. Editorial.

nômeno se impunha diante de uma situação de crise no Brasil: "Compelido a atender às diretrizes dos círculos financeiros externos e internos, o governo não se vê em condições de levar a efeito uma política de apoio à produção", lamenta o editorialista.

São estes fatores – recessão, política cambial e de juros – que já marcavam o contexto daquele momento e foram, segundo a *Folha*, os elementos que compuseram um cenário no qual o real seria finalmente tragado por ataques especulativos e o governo seria forçado a abandonar a âncora do câmbio diante de uma crise de governabilidade.

Essa é a perspectiva veiculada em editorial[21] publicado cinco dias antes de uma intensa desvalorização da moeda. "As dificuldades da economia brasileira atingiram um novo grau na escala da crise", descreve o texto. "Sob uma terceira onda de ataque ao real, o país chega a uma etapa que, para vários analistas, configura uma crise de governabilidade."

O editorialista rememora que manter juros altos foi a saída encontrada pelo governo brasileiro desde que os efeitos da crise mexicana abateram-se sobre o Brasil, no início de 1995. Embora a "dívida pública passasse a crescer de modo exponencial", no momento, "a âncora cambial estava salva", graças a essa política.

"Novamente, a alta dos juros foi o antídoto" para enfrentar a crise asiática. "A segunda onda de ataque viria só no ano passado, após a crise russa", descreve o texto. E, depois das duas crises somadas, as escolhas brasileiras revelavam-se inoperantes; "... os juros perderam eficácia como linha de resistência aos ataques contra a moeda". E o que era pior: "Os investidores passaram a notar cada vez mais os efeitos da política de juros altos. Passaram a pesar a acumulação de dívida pública, a fragilização de empresas, a inadimplência e a queda na arrecadação".

A crise daquele momento seria, no entanto, enfrentada com o apoio do FMI, segundo a *Folha*. De fato, o mal era estritamente ne-

---

21 REAL DESGOVERNADO. *Folha de S.Paulo*, São Paulo, 13 jan. 1999. Editorial.

cessário, admite o veículo em editorial[22] veiculado no dia em que surgiu a ameaça de uma desvalorização caótica da moeda brasileira. "Finalmente, pela primeira vez a crise ocorre num momento em que já se armou uma rede de proteção liderada pelos EUA e pelo FMI", diz o texto. "A eficácia da rede está em questão, o que é um ponto de honra não só para o Brasil, mas para as lideranças mundiais que se esforçaram para criá-la."

Mas não tardaria para a *Folha* voltar a acusar o FMI de incompetência e sectarismo. Apenas cinco dias mais tarde, quando uma forte desvalorização cambial já ocorrera, a crítica se inflamou novamente.[23] Sobre a capacidade de o FMI "ajudar países endividados", recaía "uma justificada nuvem de dúvidas": "Seja porque os países que a ele recorreram nos últimos anos perderam a guerra de expectativas (México, Rússia, Tailândia e Indonésia), seja porque a sua receita está sob suspeição".

A crítica vai além. Um artigo[24] da *Folha* chega a ridicularizar o FMI e a crença de Fernando Henrique Cardoso na eficiência das políticas do Fundo. O autor brinca com a expressão "neobobos", que o presidente empregara para desmerecer seus críticos, que supostamente ignoravam aspectos essenciais da realidade. Naquele momento, segundo articulista, o próprio FHC seria neobobo, uma vez que ele também ignorara as evidências:

> De Milton Friedman, o mais forte ícone do liberalismo: "O Fundo Monetário Internacional deveria ser abolido porque faz mais mal que bem à economia mundial".
> De George Soros, o mais conhecido megainvestidor (ou megaespeculador) do planeta: "O Brasil cometeu um erro ao seguir o conselho do FMI para aumentar sua taxa de juros".
> Pode-se acusar Friedman e Soros de tudo, menos de serem de esquerda, inimigos do mercado ou neobobos.

---

22 A REAÇÃO GLOBAL. *Folha de S.Paulo*, São Paulo, 15 jan. 1999. Editorial.
23 FMI EM CRISE. *Folha de S.Paulo*, São Paulo, 20 jan. 1999. Editorial.
24 ROSSI, Clóvis. Quem era neobobo mesmo? *Folha de S.Paulo*, São Paulo, 22 jan. 1999. Opinião.

Não obstante, ambos atacam exatamente a instituição que o governo brasileiro passou a adotar como inspiradora e controladora de sua política econômica, a ponto de arrumar um cantinho no Banco Central para que um representante do FMI se instalasse.

Pior: não são apenas Soros e Friedman que desmoralizam o FMI, mas os fatos.

...

O FMI, como diz Soros, recomendou a alta dos juros, o que, em tese, serviria para que o investidor colocasse seu dinheiro em reais, pela alta remuneração, o que seguraria, sempre em tese, a cotação da moeda norte-americana e a fuga de capitais. Está ocorrendo exatamente o oposto.

Obedecer às políticas do FMI revelava-se no momento, para a *Folha*,[25] contraditório. Especialmente porque, diante das inconsistências do acordo com o Fundo, o governo brasileiro permanecia imóvel. "Recorrer ao Fundo Monetário Internacional significa abrir mão de soberania e submeter a política econômica a um monitoramento permanente", admite o editorialista. "Mas entre essa subordinação que às vezes se torna inevitável e o espetáculo de afasia (incapacidade de reflexão e expressão) oferecido pelo governo FHC nos últimos dias há uma distância que é difícil compreender."

O problema era claro ("O FMI quer do governo brasileiro inúmeros compromissos, incluindo metas de inflação"), assim como o paradoxo ("Quanto maior a inflação, mais altos deverão ser os juros e o aperto de crédito interno"):

> Um dos lados perversos da receita defendida pelo Fundo é que a economia brasileira, condenada a uma recessão que, tudo indica, será longa e feroz, renderá ao governo uma arrecadação de impostos menor. Se o problema brasileiro é de credibilidade, como recuperá-la quando ocorrem ao mesmo tempo aumento das despesas financeiras do governo e queda na arrecadação?

---

25 A CONTRADIÇÃO DO FMI. *Folha de S.Paulo*, São Paulo, 7 fev. 1999. Editorial.

Essa é a contradição do FMI, diante da qual se imobiliza o país.

E a clareza máxima empregada pelo jornalismo de opinião da *Folha* para explicar o que havia de errado com a política econômica monitorada pelo FMI após a desvalorização cambial pode ser, afinal, encontrada em editorial[26] que revela a exasperação que resultava da análise dos descaminhos da economia brasileira na época. "Rendida ao FMI, pagando pela arrogância com que tratou os críticos, a política econômica de FHC segue enredada em contradições", sentencia o editorialista:

> O combate aos desequilíbrios na contabilidade do governo é um consenso aparentemente mais fácil. É nesse terreno que ganham força as analogias mais simplórias com o orçamento da dona-de-casa ou com princípios moralistas de louvação à austeridade e à autodisciplina.
> Poucos se atrevem a questionar esses lugares-comuns.
> ...
> Não se trata de negar que a credibilidade do governo depende de uma boa administração da dívida pública. Mas há algo que freqüentemente é ignorado: a principal causa do desajuste é de ordem financeira.
> Sendo assim, implementar políticas econômicas que dependam de juros elevados por períodos prolongados é incompatível com metas de redução do déficit público. Muitos argumentam que, sem redução do déficit público, não se pode reduzir os juros. Haveria um patamar irredutível enquanto o governo gastar mais do que arrecada. Mas como arrecadar mais se os juros realimentam a recessão em que empresas e trabalhadores pagam cada vez menos impostos?

"O resultado é o pior dos mundos", diz o texto. "Tentando cortar despesas e arrecadar mais, o governo sacrifica os mais fracos, sucateia os serviços públicos, condena a infra-estrutura a uma deterioração só parcialmente compensada por privatizações." O erro de trajetória é evidente: "... como as metas não são alcançadas, o gover-

---

26 AJUSTE, DÉFICIT E FICÇÃO. *Folha de S.Paulo*, São Paulo, 21 fev. 1999. Editorial.

no torna-se vítima dos mercados financeiros, que só aceitam financiar a dívida pública a juros altos demais".

Nesse contexto, o déficit e sua gestão austera teriam se tornado "motores de concentração da renda nacional", enquanto a dívida pública se convertia em um "autêntico programa de renda mínima para o capital".

Artigo publicado pelo *Financial Times*[27] traça um quadro análogo. Diante de projeções que indicam uma contração da economia em 1999, o articulista expressa seu desalento. "Então, Brasil, aqui vem a recessão", resume ele:

> É horrível pensar que isto é o melhor que a profissão de economista pode trazer. Pelo que o FMI diz (para o aplauso dos participantes de mercado, bancos centrais e ministros da fazenda em todo o mundo), o único caminho para um governo restaurar a confiança do mercado é demonstrar sua disposição para infligir sofrimento a ele próprio e à sua sociedade. Isto é, em resumo, uma rota masoquista para a credibilidade.

Nesse quadro, juros altos implicavam não um caminho para obter o que o Brasil mais necessitava (redução do déficit público), mas para aumentar ainda mais essa fragilidade. Afinal, "o déficit fiscal do Brasil de 8% do PIB no ano passado é inteiramente explicado pelo pagamento de juros", e "a despesa de 70% de sua dívida doméstica é determinada pela taxa de juros flutuante". Para embasar esse argumento, o articulista cita cálculos de mercado. "De acordo com o J. P. Morgan, com uma taxa de juros de 40% e uma taxa de câmbio de dois reais por dólar, as despesas com o serviço da dívida tornam-se horríveis 17% do PIB", diz ele:

> Assim, altas taxas de juros são, elas próprias, a causa principal da perda de confiança na estabilidade monetária doméstica que elas deveriam curar. Pior, se o impacto de altas taxas de juros na economia é ruim

---

27 UNREAL REMEDY: The IMF is Prescribing Masochism for Brazil. Britain, Post-ERM, Suggests that there is an Alternative Way to the Market's Heart. *Financial Times*, 10 mar. 1999. Opinião.

o suficiente, mesmo o superávit primário vai provavelmente desaparecer, enquanto a receita se contrai e o gasto com produtos e serviços aumenta. Isto é, então, um verdadeiro círculo vicioso. O Brasil está tentando restabelecer a confiança com políticas que parecem antes ricochetear e debilitá-lo.

Inclusive, a *Folha* assume, pouco mais de dois meses após a desvalorização cambial, que foi "populista" a resistência do governo brasileiro em corrigir o câmbio antes das eleições. Essa idéia já tinha sido levantada pelo veículo quando as projeções do acordo foram divulgadas (e comentadas em textos publicados na primeira quinzena de dezembro, aqui analisados). Isto é, o jornalismo de opinião do veículo sugeriu, inicialmente, que os números do acordo provavelmente já contabilizavam o efeito de uma correção cambial futura, embora nem o governo brasileiro nem o FMI admitissem-no. Mais tarde, a *Folha* delineia essa tese com clareza.

Assim, o reconhecimento explícito de que o adiamento da correção cambial se deveu a uma tática eleitoral está em editorial[28] que tem, como ponto de partida, uma crítica ao Brasil vinda do próprio FMI. "O diretor-gerente do FMI, Michel Camdessus, responsabilizou o governo brasileiro pela atual recessão", diz o texto.

Subjaz ao depoimento de Camdessus, dentro da perspectiva criada pela *Folha*, a idéia de que, de fato, o FMI recomendara ao governo brasileiro um ajuste cambial imediato (em setembro, quando o novo acordo começou a ser gestado). Mas as autoridades do país teriam decidido adiar a mudança do câmbio para depois das eleições, temendo efeitos negativos sobre a campanha da reeleição de Fernando Henrique Cardoso. E, uma vez que o acordo foi concluído, o FMI teria concordado com o adiamento, deduz-se do contexto.

Além disso, a *Folha* parece utilizar o depoimento de Camdessus para evidenciar quão incoerente era o uso de um expediente eleitoral como aquele justamente por um governo que se dizia moderno, e

---

28 FMI, VERDADES E MENTIRAS. *Folha de S.Paulo*, São Paulo, 23 mar. 1999. Editorial.

que tachava, com arrogância, os adversários com rótulos extravagantes.
O ataque de Camdessus ao Brasil era oportuno, segundo o texto.
"Afinal, a tese de que o governo FHC protelou o ajuste cambial, assim agravando ainda mais os desequilíbrios nas contas públicas e nas contas externas, vinha sendo esposada por críticos que o presidente insiste em desqualificar como 'fracassomaníacos'." E, naturalmente, o diretor-gerente do FMI não estava entre estes, argumenta o editorialista:

> O alerta de Camdessus é ainda mais oportuno em se tratando do governo tucano, que sempre procurou forjar de si mesmo uma imagem de modernidade, de rejeição ao populismo.
> Ora, evitar ajustes na economia em nome de interesses eleitorais é um dos melhores exemplos que se poderia dar de populismo. E, quando os ajustes tornam-se inevitáveis, seu custo tende a ser maior, se comparado ao de uma ação preventiva.

Assim, o cenário construído por esse texto soma-se ao quadro geral das perspectivas construídas pela *Folha* após a correção cambial.

Esse quadro é, conforme explicitado até aqui, marcado por duas perspectivas centrais: de um lado, encontra-se um consistente ataque à suposta incapacidade de o FMI colocar, com seus empréstimos e condicionalidades, o Brasil na rota desejada pelo jornal; de outro, persiste a tese do "mal necessário", ou seja, a tendência de considerar o acordo com o FMI algo que, embora necessário para o país em função dos erros da política econômica do governo brasileiro, fere a soberania nacional e iria inevitavelmente trazer efeitos deletérios para a economia brasileira.

As conseqüências eram graves. A *Folha* lamenta[29] que a abertura comercial e as privatizações, duas das principais políticas do governo brasileiro, tivessem resultado em aumento de remessas de lucros, contribuindo para ampliar ainda mais o déficit em conta

---

29 VIVER PERIGOSAMENTE. *Folha de S.Paulo*, São Paulo, 23 jun. 1999. Editorial.

corrente do país, já afetado por uma economia debilitada em sua capacidade de exportação. E o prognóstico também era algo para lastimar: "... a abertura recente, assim como as privatizações, definem um horizonte de longo prazo em que tais remessas possivelmente aumentarão".

Enfim, o jornal resume sua idéia: "O país está mais pobre e mais dependente. Felizmente foi possível evitar o pior, após a crise cambial. Mas as condições do ajuste ainda são precárias e o país vive, do ponto de vista financeiro, perigosamente".

Editorial do WSJ[30] também faz um balanço da tragédia. "... o Fundo Monetário Internacional liderou um pacote de socorro de US$ 41,5 bilhões para o Brasil, jogando sobre a mesa, para começar, US$ 9 bilhões em dinheiro", rememora o editorialista. "E qual o resultado?", questiona. "O Brasil está agora em profunda crise."

Somada às crises asiática e russa, a desvalorização cambial brasileira teria, diante da ineficácia do FMI, contribuído para agravar a desaceleração da economia global:

> Estas crises contínuas têm danificado a grande economia mundial ao ponto de oportunidades de crescimento no valor de centenas de bilhões de dólares terem sido perdidas. Desde os dias iniciais da crise asiática, em outubro de 1997, o próprio Fundo tem repetidamente revisado para baixo as estimativas do crescimento econômico global, as mais recentes para 2,2% a 2,5%.

Além disso, o FMI também traria a desgraça dos pobres e das classes médias dos países por ele "socorridos", conforme artigo do WSJ.[31] "A verdadeira maldição é que o FMI, com a bênção do Tesouro, instigou políticas cambiais que desencadearam uma avalancha de moedas arruinadas, do *bath* tailandês ao real brasileiro", lamenta a articulista, integrante do conselho editorial do veículo:

---

30 WHAT DID IT GET US? *The Wall Street Journal*, 20 jan. 1999. Editorial.
31 ROSETT, Claudia. The World's Poor Pay the Price for the IMF's Failures. *The Wall Street Journal*, 22 abr. 1999. Opinião.

Estas desvalorizações devastaram as classes médias emergentes, que têm a menor capacidade de resguardar-se contra grandes quedas do valor do dinheiro local e que não conseguem pacotes de socorro de bilhões de dólares. Elas foram as mais atingidas, país após país, devido à onda inflacionária que acompanha o rebaixamento de uma moeda. Elas tiveram seus empregos, poupanças e esperanças amplamente destruídos.

A articulista associa a ação do FMI a distúrbios sociais em todo o mundo. Ela cita uma matéria publicada pelo veículo em 1982, descrevendo os tumultos causados por um austero programa do FMI na Iugoslávia, especialmente em uma pequena província chamada Kosovo. "Ninguém iria argumentar que o programa do FMI levou diretamente à guerra atual. Mas seria igualmente tolo desconsiderar os riscos de uma grande instituição multilateral instigando políticas que agravam os problemas naturais de um país."

9
O FMI COMO AGENTE DA RETRAÇÃO GLOBAL

De janeiro de 1997 a junho de 1999, ocorreram três situações distintas que assumiram as proporções de crises financeiras globais, tendo como epicentro, primeiramente, o Sudeste Asiático, depois a Rússia e, por último, o Brasil. Juntos, esses episódios podem ser entendidos como sinais de crise do capitalismo, marcada pela hipertrofia do sistema financeiro mundial e pela preponderância das finanças sobre a economia real na definição das prioridades dos investimentos em âmbito planetário.

Esse quadro particular de crise, teoricamente caracterizado de forma razoavelmente consensual como globalização financeira (ou mundialização do capital, como querem alguns), já foi, no período em que se desenvolveu, considerado uma ameaça à saúde dos fundamentos econômicos que tornaram possível a expansão capitalista. Isto é, na época em que essas situações de crise ocorreram, elas de fato já foram vistas, ao menos em uma perspectiva comum aos analistas dos meios de comunicação aqui estudados, como fatores potencialmente tão destrutivos a ponto de comprometerem a vitalidade do capitalismo global, que estaria, assim, à beira de uma grave desaceleração.

Mais tarde, o prognóstico se materializou. Um quadro de retração econômica instalou-se mundialmente, caracterizado por sinais diversos. Na medida em que não é objetivo deste livro apresentá-los ou discuti-los, deve-se reconhecer que a evidência de recessão foi aceita por autoridades econômicas dos Estados Unidos, da Europa, do Japão e de países emergentes como o Brasil. Especialistas que participaram diretamente dos acontecimentos, como Stiglitz (2002, p.135), foram taxativos: "A inquietação [trazida pela crise asiática] acabou com meia década de triunfo mundial da economia de mercado, regido pelos Estados Unidos, após o fim da Guerra Fria".

A atuação do Fundo Monetário Internacional foi determinante para o desenvolvimento dos fatos que levaram a esse contexto. Por isso, é necessário identificar e compreender as perspectivas com as quais o desempenho da instituição foi avaliado, a fim de distinguir as pressões que procuraram influenciar sua atuação, compreendendo-as dentro da realidade atual.

Assim, diversas características foram atribuídas ao FMI pelos jornais *Folha de S.Paulo*, *Financial Times* (FT) e *The Wall Street Journal* (WSJ), promovendo um movimento específico de ajustamento da esfera pública. As relações de poder simbólico que as fundamentam são retomadas e confrontadas neste capítulo final, com o objetivo de ampliar a percepção sobre as perspectivas arquitetadas a fim de exercer pressão sobre a atuação do Fundo, criando expectativas e reforçando comportamentos de atores sociais e agentes econômicos.

Um dos aspectos mais contundentes que surgem da comparação entre os cenários edificados por *Folha*, FT e WSJ é justamente a questão do suposto sectarismo do FMI. Isto é, uma perspectiva presente nesses três veículos vem da percepção de que a própria existência do Fundo se deve à necessidade, posta por países supostamente beneficiados pelo órgão, de uma intermediação particular entre interesses distintos. Em uma ótica comum aos três jornais, essa intermediação privilegia essencialmente os interesses dos países que são os maiores cotistas do Fundo entre as nações emergentes que recebem seu dinheiro – embora os veículos reconheçam que esse compromisso é dissimulado pela imagem de um árbitro aparentemente neutro, fundado sobre a arquitetura de uma instituição multilateral composta por 182 países.

Ora, é intrigante perceber a repercussão dessa noção entre tais jornais, uma vez que são inegáveis o apelo e a popularidade, ao menos no Brasil, da idéia de um FMI que age para preservar os interesses dos países ricos entre as nações emergentes.

De fato, o jornal brasileiro afirmou o caráter sectário da instituição. A *Folha* ressaltou que "os EUA fazem o que podem para defender seus interesses comerciais", enquanto países como o Brasil, vistos como "emergentes", enfrentam os benefícios e os custos dessa condição: "são vistos como oportunidades de investimento, mas também como mercados consumidores a conquistar".

O jornal também salientou que as políticas impostas pelo FMI realmente representam perda de soberania em matéria de política econômica, porque o Fundo atua como emprestador de última instância a governos que precisam, afinal, "submeter suas contas e seu modelo econômico a um monitoramento externo".

Naturalmente, pode-se dizer que essa particular reconstrução simbólica de uma relação de poder real ocorre com muita freqüência no Brasil. No país, esse arranjo de poder simbólico serve àqueles que desejam denunciar as políticas do FMI como prejudiciais à economia brasileira – seja em discursos abertamente assumidos, seja em editoriais supostamente mais objetivos.

Porém, as discussões aqui conduzidas mostraram que, em vez de escamotear o sectarismo do FMI, como esperariam aqueles que o denunciam no Brasil, jornais que em tese defendem os interesses das nações supostamente privilegiadas pelo Fundo assumem-no abertamente.

Ou seja, seria possível supor que a imagem de um FMI neutro nos propósitos declarados fosse construída e veiculada por jornais procedentes de países beneficiados por esse arranjo de poder, como forma de alimentar a adesão doméstica aos objetivos da instituição.

Mas isso não ocorre: ao menos no período analisado, tanto o FT como o WSJ afirmam com naturalidade a ação específica de um Fundo dirigido à manutenção dos interesses dos países enquadrados pelo arranjo hegemônico liderado pelos Estados Unidos.

No cenário veiculado pelo FT, o sectarismo da instituição não só foi abertamente assumido como também se tornou argumento para construir relações específicas de poder simbólico, que fundamentam a perspectiva de justamente defender a atuação do FMI e as conseqüências dessa posição: transferências cada vez maiores de ativos dos bancos centrais dos países-membros para o Fundo e aprovação do aumento da cota de cada país, conforme a solicitação feita pela direção da instituição.

Vale lembrar a declaração de Michel Camdessus, então diretor-gerente do FMI, citada pelo jornalismo de opinião do FT como argumento para o Congresso norte-americano aprovar o aumento das cotas: "Nós servimos aos objetivos básicos da economia dos Estados Unidos: nós servimos à abertura comercial, ao crescimento econômico e contribuímos para a estabilidade onde os Estados Unidos tenham interesses decisivos, sistêmicos ou estratégicos".

E, nesse mesmo texto, o FT usou outro artifício importante para justificar o apoio ao FMI: a instituição atua como "cão de guarda" da economia mundial, zelando por interesses específicos ao mesmo tempo que assume a aparência de neutralidade.

A larga vantagem conferida pela imagem de neutralidade do FMI foi retratada com a construção de relações específicas de poder simbólico em diversos outros momentos pelo FT. Ela apareceu, por exemplo, nas palavras de Eisuke Sakakibara, então vice-ministro das Finanças do Japão. O bucrocrata explicou as razões pelas quais o Japão preferira esconder, sob a fachada de neutralidade do Fundo, os próprios esforços de coordenação dos salvamentos na crise asiática. O texto, comentando as palavras de Sakakibara, afirmou que o FMI "é a única instituição capaz de impor disciplina fiscal a um país", porque "desfruta de uma vantagem crucial da qual o Japão não goza: é um ator neutro".

Além disso, apostar no FMI como fachada permitira ao Japão, segundo o burocrata citado pelo texto, exercer liderança sem assumir o ônus político dessa responsabilidade. "O Japão está preparado para atuar em um importante papel, condizente com sua dimensão econômica", diz Sakakibara, em declaração reproduzida pelo jornalista. "Mas não estamos preparados para ser um Big Brother na região. Não podemos ser como os Estados Unidos na América Latina."

Já o WSJ apontou em editorial que mesmo um dos fatores tradicionalmente favoráveis ao FMI, ou seja, o fato de a instituição preservar interesses norte-americanos, já não se sustentava em face da sua flagrante incompetência: "O Tesouro dos EU provê a parte do leão em moeda sólida para o FMI", admitiu o jornal. "E em troca – como é bem conhecido no Fundo, em Wall Street e nas capitais das principais nações clientes do FMI – o Tesouro comanda as principais jogadas do FMI." Mas esse editorial do WSJ ironizou o valor dessa liderança, uma vez que o FMI, segundo a ótica construída, era "ineficaz, desnecessário e obsoleto".

Em resumo, a identificação das relações de poder simbólico construídas e veiculadas por três jornais influentes na atualidade trouxe a constatação de que, ao menos entre as perspectivas desses veículos, não se sustenta a idéia de um FMI verdadeiramente neutro, embora se assuma a vantagem de veicular uma imagem de neutralidade. A multilateralidade, embora característica supostamente constitutiva da instituição, não integrou a maneira pela qual os cenários edificados pelos jornais analisados consideraram a atuação do Fundo. Pelo contrário: dentro do ajustamento específico da esfera pública promovido por esses veículos, foi assumida a atuação unilateral do FMI, necessariamente exercida em nome da defesa dos interesses dos maiores cotistas do Fundo entre as nações tomadoras de empréstimos da instituição.

Assim, a fim de exercer influência real, os jornais analisados edificaram e veicularam perspectivas simbólicas particulares, que se assemelharam afinal em determinado aspecto: elas afirmaram a existência de um FMI compromissado com interesses particulares, embora convenientemente revestido de aparência de instituição neutra, porquanto multilateral.

No entanto, apesar da semelhança inicial, cada uma das três perspectivas assinalou uma conseqüência específica desse arranjo de poder que julgaram ser real.

No caso da perspectiva do jornal brasileiro, o sectarismo do FMI seria prejudicial para o Brasil, que ficaria atado à condição de mero mercado a conquistar e preso ao monitoramento externo de suas contas. Ainda assim, o veículo aceitou um novo entendimento com o Fundo: a percepção de que o governo implementava uma política econômica equivocada não teria permitido o jornal rejeitar o acordo. Mas isso não significou que fosse possível deixar de ver o FMI como uma ameaça à soberania brasileira em matéria de política econômica. Pelo contrário. A *Folha* denunciou que o Brasil tendia a ser visto pelo Fundo como mero "mercado a conquistar". E, se o acordo com a instituição era inevitável, somente o seria em função dos erros da política econômica do governo brasileiro. Nesse quadro, o FMI figurou como um "mal necessário", ou seja, algo que, embora pudesse eventualmente ser prejudicial ao país (e era preciso ficar atento a isso, pareceu sugerir a *Folha*), revelava-se indispensável por conta dos descaminhos da economia do país.

Já no contexto veiculado pelo jornal britânico, o sectarismo do FMI mostrou-se como um argumento que pode e deve ser usado em benefício da própria instituição. Fundos maiores são merecidos pelo FMI, porque é inegável a atuação dirigida a preservar interesses dos países enquadrados pelo arranjo hegemônico liderado pelos Estados Unidos, sabidamente os maiores cotistas do órgão. No entanto, o FT indicou que esse traço não deveria acompanhar a atuação do FMI entre as nações tomadoras de seu dinheiro. Em vez disso, era preciso disseminar, entre aqueles países, a imagem de neutralidade associada à figura do "cão de guarda" da economia mundial. E aqui surge outra "vantagem" proveniente da atuação de um FMI sectário: não bastasse uma *performance* baseada na defesa de interesses específicos, o Fundo ainda a empunha de forma a fazê-la parecer neutra. É eficiente também nisso, isto é, na operação de construção de uma imagem dedicada a agilizar a busca de seus objetivos particulares.

De forma geral, evidencia-se, a partir dessa leitura das perspectivas veiculadas pelo FT, que o caráter sectário da instituição não é usado apenas como argumento para que burocratas ou políticos possam convencer seu Legislativo da legitimidade de dar dinheiro ao Fundo. Para o jornal, aparentemente, é conveniente dar relevo a esse traço da instituição exatamente como maneira de persuadir a opinião pública dos países enquadrados pelo arranjo hegemônico liderado pelos Estados Unidos, "mostrando" a ela quão defensável era a atuação do FMI.

Já na perspectiva do WSJ, a afirmação do sectarismo do FMI gerou uma conseqüência contundente. Ou seja, apesar de o Fundo atuar na manutenção dos interesses dos Estados Unidos, isso não viria a ser tão útil. Ao intrometer-se no mercado financeiro e contribuir para neutralizar forças importantes do livre mercado, o FMI se mostraria tão incompetente e ineficaz que deveria ser fechado, segundo o veículo.

São três desdobramentos muito diferentes de uma mesma idéia, isto é, a noção de um FMI dedicado à preservação dos interesses de seus maiores cotistas entre as nações emergentes, mas vestido com a simulação de neutralidade. Apesar das distinções, é comum entre os três jornais analisados essa imagem central sobre um arranjo de relações de poder real, então reconstruído por relações de poder simbólico.

Outra questão enfocada por *Folha*, FT e WSJ é, também, consonante nos aspectos que a compõem inicialmente, mas o tratamento dado em cada um dos jornais analisados segue diferenciado. Trata-se da crítica à *performance* do FMI na resolução da crise asiática.

Essa crítica assumiu inicialmente diferentes facetas, influenciadas por reveses factuais. Na iminência de um pacote de socorro à Coréia do Sul, por exemplo, FT e *Folha* saudaram a eficiência do FMI. Poucos dias depois, com a reação nula ou negativa dos mercados financeiros, os jornais veicularam cenário diverso, culpando o FMI pelas dificuldades enfrentadas pelo país então socorrido.

É possível dizer que, de maneira geral, o FMI emergiu da crise asiática com sua imagem bastante comprometida, ao menos no contexto construído pelos jornais analisados. Assim, torna-se relevante comparar as conseqüências, segundo cada veículo, da percepção dos equívocos cometidos pelo FMI durante a crise asiática.

A perspectiva arquitetada pelo WSJ diferencia-se radicalmente daquelas apresentadas por *Folha* e FT. Para o jornal norte-americano, o Fundo deveria ser fechado, ou pelo menos submetido a um amplo escrutínio, necessariamente formalizado pelas instituições políticas norte-americanas, para redirecionar por completo sua atuação. Esse cenário é pontuado por breves menções à possibilidade de haver uma recessão em curso, alimentada pelo quadro deflacionário trazido pela crise asiática.

A questão é mais complexa no contexto criado pelo jornalismo opinativo da *Folha*. Para o jornal, o suposto fracasso do FMI na Ásia sinalizou a urgência de um debate mais amplo, centrado na necessidade de impor limites aos efeitos potencialmente destrutivos da globalização financeira.

Vale lembrar um trecho característico dessa construção específica de relações de poder simbólico. Diante da conturbada situação asiática vivida em agosto de 1997, a *Folha* lamentou que "bancos centrais e organismos multilaterais, a começar pelo FMI, são impotentes diante das vagas especulativas provocadas por um oceano de recursos financeiros tão voláteis quanto abundantes", segundo um editorial do veículo. "Vive-se, portanto, uma crise financeira e de instituições financeiras, mas também de organismos de supervisão, regulamentação e coordenação globais", assinalou o jornal, que tinha aparentemente claro o problema: "Trata-se do predomínio crescente do movimento especulativo sobre a avaliação dos fundamentos racionais da atividade econômica".

Ou seja, de certa forma, a *Folha* endossou a perspectiva de críticos da mundialização do capital, como Chesnais (1996), Arrighi (1996) e Harvey (1993), discutidos na Parte I, pelo menos no aspecto de considerá-la uma fase de subordinação da esfera produtiva aos imperativos das finanças, a qual sinalizaria uma crise do próprio capitalismo. A capacidade de exportar, referida pelo editorialista da *Folha*, seria afetada justamente pela liberalização da esfera financeira; a idéia é que a desregulamentação dos mercados financeiros deu, às operações especulativas, poder excessivo sobre a esfera produtiva, e este predomínio seria danoso à economia real.

O FMI SOB ATAQUE   225

No contexto da crise asiática, a *Folha* também apresentou conjecturas sobre a possibilidade de ocorrer uma recessão mundial. As crises financeiras, conforme discutido em editorial, traziam duas alternativas: "a desvalorização de ativos, que abala os países, ou a geração de déficits públicos para evitar o caos, ainda que jogando a conta sobre as gerações futuras. O dilema parece ser entre uma recessão administrada e a desvalorização caótica da riqueza fictícia global".

Esse conjunto de relações de poder simbólico é algo semelhante ao encontrado entre os textos do jornalismo de opinião do FT. A diferença é que o jornal britânico discutiu com muito mais ênfase a possibilidade de um declínio expressivo do crescimento da economia mundial.

Assim, se no WSJ a idéia de uma recessão econômica aproximando-se foi vagamente comentada, na *Folha*, a questão foi tratada com mais atenção, sendo que um FMI reformado foi posto como candidato a enfrentá-la. Já no FT houve um tratamento ainda mais enfático sobre o assunto, e novamente o FMI foi considerado capaz de criar engrenagens para conter os distúrbios dos mercados financeiros.

Antes de avançar na retomada dos cenários veiculados pelo FT em relação a esse tema, cabe estimar as razões de o jornalismo de opinião do WSJ ter se detido sobre ele de maneira tão específica. A resposta estaria exatamente na perspectiva geral encontrada entre as relações simbólicas construídas pelo veículo.

De maneira geral, pode-se dizer que o WSJ ataca o FMI porque o órgão representaria intromissão indesejável nos mercados financeiros, neutralizando forças de livre mercado que, por si próprias, reduziriam a possibilidade de crises nas finanças mundiais. Nesse contexto criado pelo jornal, a própria crise asiática não seria resultado de nenhuma falha inerente aos mercados financeiros, mas justamente conseqüência de o FMI ter impedido o livre funcionamento dos mercados, em especial no caso da crise do México, em 1994, que teria inaugurado a série de grandes pacotes de socorro coordenados pelo Fundo. Esse episódio teria consagrado a imprudência dos investidores financeiros globais como vetor de instabilidade, ao minimizar suas perdas e recompensá-los por suas más apostas.

Ou seja, enquanto *Folha* e FT apontaram a existência de imperfeições constitutivas da mundialização do capital, e estas seriam causa de crises, no cenário construído pelo WSJ a crise asiática teria sido resultado de ações equivocadas do FMI, o qual atrapalharia o funcionamento dos mercados. Em resumo, há duas perspectivas opostas aqui: *Folha* e FT culpam o mercado pelas crises financeiras, e desejam que o FMI capacite-se a refreá-las; já o WSJ culpa o FMI pelas crises financeiras, desejando que a instituição deixe os mercados funcionarem, pois eles seriam naturalmente capacitados a contê-las.

Vale ver com mais detalhe a perspectiva oferecida pelo FT. Em editorial, o veículo mencionou a hipótese de recessão, possivelmente causada em certa medida como conseqüência da crise asiática, e lançou um alerta: "É muito cedo para prognosticar um pouso difícil, seguido de recessão", disse o editorialista. "Mas os riscos têm aumentado perceptivelmente ...".

O FT apontou, inclusive, a existência de perigos mais graves. Em editorial, o jornal observou que "o triunfo contemporâneo dos EU" poderia "repousar, em parte, sobre uma bolha financeira": "A ordem liberal de um século atrás foi destruída por rivalidade nacional e colapso financeiro. Os mesmos perigos poderiam estar à espera. O novo padrão global tem muito a ser elogiado. Não obstante, seu triunfo duradouro não pode ser assumido".

Outro texto enfatizou esse aspecto, comparando-o ao otimismo revelado por autoridades norte-americanas naquele momento: "Nos EU muitos podem concluir que tudo comprova que seu modelo econômico é o único que vale imitar", assinalou o autor. "Mas nunca interprete uma bolha como crescimento econômico duradouro."

Assim, após a crise asiática, o movimento específico de ajustamento da esfera pública promovido pelo FT foi marcado pela veiculação desse cenário alarmante. No contexto, a instabilidade financeira teria trazido conseqüências inesperadas, e a economia mundial poderia estar entrando em um quadro recessivo. O FMI precisava ser reformado para lidar com os novos desafios colocados por uma esfera financeira cujo grau de desregulamentação estaria trazendo efeitos desastrosos e comprometendo o crescimento da economia global.

O FMI SOB ATAQUE   227

Outra perspectiva importante identificada aqui se relaciona ao risco moral envolvido nos pacotes de socorro montados pelo FMI para os países asiáticos em crise. Para o WSJ, que o afirmou repetidamente em seus editoriais, a intervenção do Fundo apenas consagraria a imprudência dos investidores como vetor de instabilidade. Se eles sabem que serão socorridos, não têm razões para agir com mais cautela, e emprestam sob garantias duvidosas, na expectativa de o FMI compensar eventuais perdas. Esse traço marca a crítica do WSJ ao FMI desde a crise asiática. Em editorial, o veículo analisou a suposta lógica da *performance* do Fundo no episódio. "Se você gostou do pacote de US$ 17,2 bilhões arranjado pelo Fundo Monetário Internacional para a perturbada economia da Tailândia, então tome nota agora da próxima crise econômica", disse o editorialista. "Nós não sabemos exatamente quando a crise virá, mas sabemos que o FMI simplesmente ajustou o cenário para a dramática expansão da escala de suas operações."

E, ao mesmo tempo que livraria investidores de suas más apostas, o FMI transferiria o custo dessa ajuda para os contribuintes dos países-membros, além de prejudicar as classes médias das nações tomadoras de seus empréstimos por meio da imposição de políticas recessivas, segundo o contexto criado pelo veículo.

De forma geral, essas questões são centrais nos cenários construídos pelos jornais selecionados no período abrangido aqui. A qualidade da atuação do FMI no período foi questionada duramente, enquanto as pressões que exigem a transformação da instituição foram caracterizadas com diversos contornos. Como agente da globalização financeira, o Fundo revelou-se, ao menos na perspectiva dos jornais analisados, essencialmente falho.

A percepção da *Folha* sobre a capacidade de o FMI minimizar o impacto global das crises financeiras ocorridas no final da década de 1990 pode ser resumida por proposição expressa em um editorial. "O Fundo, que jamais cumpriu as funções de estabilização almejadas por seus idealizadores, chegou ao maior impasse de sua história", sentenciou o autor, uma vez que "as receitas e a filosofia do FMI foram postas em xeque numa intensidade sem precedentes".

A *Folha* afirmou a existência de uma crise global de grandes proporções, causada, como descrevera repetidamente, pela hegemonia do capital financeiro sobre a economia real: "O risco maior é o de estar ocorrendo um círculo vicioso: a crise financeira abala a economia real, cuja debilidade se traduz em perda de confiança nos mercados financeiros, o que novamente rebate na economia real e assim indefinidamente".

Por sua vez, o WSJ apresentou continuamente a perspectiva de considerar os pacotes de socorro do FMI eliminadores do risco moral, que salvam, com dinheiro público, investidores imprudentes de suas más apostas. Ademais, o veículo empunhou, de forma reiterada, a condenação das políticas impostas pelo Fundo aos países socorridos, e atribuiu à instituição a responsabilidade pela instabilidade financeira mundial.

É, por exemplo, a ótica veiculada pelo WSJ em editorial que ligou a situação russa às crises financeiras precedentes. "Quando o FMI ajudou a socorrer o México, em 1994, e depois organizou pacotes de socorro de US$ 118 bilhões para a Ásia no ano passado, ele de fato estava dizendo aos investidores: sigam adiante, façam investimentos imprudentes na Rússia ...", sentenciou o editorialista do WSJ. Para ele, o Fundo assim sinalizava aos investidores: "... se os mercados quebrarem, nós vamos canalizar o dinheiro do contribuinte dos EU através da tubulação do FMI para socorrê-los".

Assim, inclusive depois da crise russa, o jornalismo opinativo do WSJ continuou a dedicar espaço para apontar quão aberrante revelava-se a existência da distorção provocada pelo risco moral para a economia de mercado em uma democracia liberal.

E, curiosamente, a deformidade ainda foi posta pelo WSJ com contornos que a fazem parecer uma anomalia tão grave quanto viria a ser a própria globalização financeira dentro do cenário construído pela *Folha*.

Ou seja, se o jornal brasileiro considerou a globalização financeira a causadora da degeneração dos mecanismos de alocação de recursos historicamente criados pelo capitalismo, o WSJ caracterizou justamente a intervenção do FMI no mercado como elemento gera-

O FMI SOB ATAQUE 229

dor dessa forma de degeneração. De fato, a globalização financeira não é vista pelo WSJ, ao contrário do que propõe a *Folha*, como crise do capitalismo. O jornal norte-americano considerou exatamente os pacotes de socorro criados pelo FMI como o verdadeiro vetor da profunda instabilidade financeira global. Assim, caso houvesse realmente uma contração econômica mundial em curso, o FMI seria, segundo o WSJ, o principal responsável por induzi-la – e não a globalização financeira, conforme afirma a *Folha*. Ou seja, para o WSJ, o FMI seria parte do problema, não da solução para as crises financeiras.

Já a crise cambial que o Brasil viveu em janeiro de 1999 assumiu traços específicos na tradução efetuada pelos analistas dos veículos aqui estudados.

Em geral, esses jornais defenderam a mudança objetiva de rumo da política econômica brasileira. Todos eles recomendaram redução dos juros e ajuste fiscal, mas apenas *Folha* e FT aconselharam desvalorizar a moeda; WSL rejeitou enfaticamente o abandono da âncora cambial.

Também para os três veículos, o acordo entre Brasil e FMI, que começou a ser gestado em setembro de 1998, teria previsto, em segredo, uma correção cambial futura. Os jornais denunciaram a falta de transparência do acordo, cada qual a considerando de maneira específica.

Nesse contexto, a atuação do FMI foi vista como prejudicial por *Folha*, WSJ e FT, que também se assemelham na crítica ao suposto fato de as negociações entre a equipe econômica do governo brasileiro e o Fundo terem ocorrido sem transparência, ao abrigo do escrutínio público, e em função do calendário eleitoral, ou seja, para produzir resultados que favorecessem a reeleição de Fernando Henrique Cardoso.

O segredo em torno das negociações com o FMI constituiu, na ótica da *Folha*, uma violação da ordem democrática brasileira. E o jornalismo de opinião do veículo preencheu de maneira incisiva a esfera pública, apontando que, mais grave que ser forçado a recorrer ao FMI, era desconhecer as conseqüências do acordo com o Fundo para a economia brasileira.

O WSJ chegou a fazer uma denúncia irônica da cumplicidade entre o Brasil e o FMI na decisão de desvalorizar o real. Ou seja, o sarcasmo de um editorial do jornal serviu ao propósito de insinuar que, no final das contas, o acordo entre o Brasil e o FMI de fato programara a desvalorização da moeda brasileira. O contexto veiculado ridicularizou o fato de as duas partes não terem, ao menos, acertado como iriam apresentar o ajuste cambial ao público. Essa inconsonância teria sido percebida depois de um ato falho das autoridades brasileiras, comentado apenas por esse veículo.

No período, a *Folha* reviveu a idéia do FMI como um "mal necessário", ou seja, algo que, embora necessário para o país em função dos erros da política econômica do governo brasileiro, feriu a soberania nacional e trouxe efeitos deletérios para a economia brasileira. Essa tese já havia sido identificada como subjacente a diversos textos opinativos publicados durante a crise asiática, fator que desencadeou a crise de liqüidez nos mercados financeiros mundiais e atravessou todo o período estudado aqui.

Ou seja, para a *Folha*, precisar do socorro do FMI era incômodo, mas nada mais que uma lamentável conseqüência das políticas então escolhidas pelo governo brasileiro. No entanto, o Fundo deveria continuar a ser visto como ameaça à soberania econômica brasileira.

Além disso, para a *Folha* foram justamente as exigências da esfera financeira, refletidas no imperativo de o Brasil obter crescentes superávits fiscais, conforme definido pelo acordo com o FMI, que comprometeram a adoção de políticas de estímulo ao crescimento econômico dentro do país. Se, durante a crise asiática, o jornal já havia assinalado quanto as demandas financeiras resultavam na contração da esfera produtiva, ou da "economia real", agora o fenômeno se impunha diante de uma situação de crise no Brasil, uma vez que, obrigado a "atender às diretrizes dos círculos financeiros externos e internos", o país não se via em "condições de levar a efeito uma política de apoio à produção". E, nesse caso, a influência da globalização financeira tinha sido potencializada justamente por meio das condicionalidades impostas pelo FMI ao Brasil.

Outro traço comum aos cenários arquitetados por *Folha*, WSJ e FT é a avaliação negativa da conjuntura brasileira daquele momento: "Tentando cortar despesas e arrecadar mais, o governo sacrifica os mais fracos, sucateia os serviços públicos, condena a infra-estrutura a uma deterioração só parcialmente compensada por privatizações", afirmou o jornal brasileiro em editorial. "O país está mais pobre e mais dependente", lamentou o editorialista.

No WSJ, essa avaliação pessimista foi apresentada no quadro das considerações gerais que o jornal fez a respeito dos resultados das políticas do FMI sobre os países socorridos. Ou seja, o WSJ reiterou a idéia de que seria justamente a atuação do FMI que estaria provocando a redução do crescimento global, além de trazer a desgraça dos pobres e das classes médias dos países tomadores de seus recursos.

A condenação da política de juros altos praticada pelo governo brasileiro também veio do FT, inclusive com contornos semelhantes à crítica exposta pela *Folha*. Isto é, o jornal britânico avaliou que as altas taxas de juros do país estariam impedindo o crescimento econômico e dificultando o processo de ajuste fiscal.

Nesse quadro, juros altos implicavam não um caminho para obter o que o Brasil mais necessitava (redução do déficit público), mas para aumentar ainda mais essa fragilidade.

E, segundo o WSJ, os pacotes de socorro do FMI eram simplesmente tão incoerentes que se baseavam na "fantasia" de que, "para salvar uma economia", era preciso "aumentar impostos, rebaixar a moeda e socorrer investidores imprudentes".

Além disso, para o veículo, esse elemento ideológico mascarava a suposta real razão de o Congresso dos Estados Unidos apoiar o FMI. Um dos motivos que, segundo o WSJ, justificariam o apoio do Congresso norte-americano estava ligado à possibilidade de o FMI supostamente ajudar indiretamente, com seus pacotes de socorro, setores determinados da economia norte-americana, na forma de um subsídio indireto para fazendeiros e industriais que, por sua vez, conseguiriam votos para os congressistas.

Da mesma forma que a imagem de "cão de guarda" da economia mundial, veiculada pelo FT, e a tese do "mal necessário", arquitetada pela *Folha*, essa concepção construída pelo WSJ de um FMI defensor de interesses norte-americanos específicos está presente em diversos momentos do período abrangido aqui.

Em síntese, é possível afirmar que a idéia de um FMI sectário, que age em nome dos interesses dos países enquadrados pelo arranjo econômico liderado pelos Estados Unidos, não se limita a correntes isoladas de oposição ao Fundo dentro dos países tomadores de seus recursos. Trata-se, na verdade, de perspectivas assentidas por três grandes veículos de comunicação de alcance global.

Mas cada um dos jornais selecionados apresenta desdobramentos específicos dessa idéia.

A *Folha de S.Paulo* reconheceu o FMI como um "mal necessário". Ou seja, a atuação da instituição de fato representou perda de soberania em matéria de política econômica e resultou em condicionalidades muitas vezes prejudiciais ao desenvolvimento econômico do país. No entanto, recorrer ao Fundo tornou-se inevitável em função dos desacertos da política adotada pelo governo brasileiro.

A perspectiva do *Financial Times* é mais surpreendente. O jornal ao mesmo tempo que reconheceu o sectarismo do FMI, também destacou a exigência de a instituição apresentar-se como neutra, como o "cão de guarda" da economia mundial, uma vez que essa condição de superioridade baseada no suposto mérito técnico proporciona mais eficiência na busca de seus objetivos.

Já o Wall Street Journal também afirmou que o FMI age realmente em nome dos interesses dos Estados Unidos; no entanto, segundo o jornal, essa atuação não significa vantagens para esse país, uma vez que o Fundo errava tanto que deveria ser fechado.

Inclusive, as condicionalidades impostas pelo Fundo aos países tomadores de seus recursos foram criticadas com ênfase pelos jornais aqui estudados. De fato, é possível constatar, ao menos segundo as perspectivas apresentadas por esses veículos, o esgotamento da ação intervencionista estatal sobre a atividade econômica, no contexto específico da atuação do FMI, aparentemente causado por desafios ainda intangíveis, postos pela mundialização do capital.

Nesse quadro, a globalização financeira teria colocado exigências de regulação ainda não satisfeitas, resultando em desordens que comprometeram o crescimento da economia mundial e agravaram a assimetria entre países, ainda aprofundada pela atuação do Fundo. Isto é, a hipertrofia das finanças, realidade alimentada pelo FMI, teria contribuído, de um lado, para manter um ambiente em que as exigências da esfera financeira se sobrepõem à economia real na definição das prioridades do investimento, comprometendo o desenvolvimento econômico; de outro, ela significaria o aprofundamento da subordinação de países periféricos aos interesses dos países enquadrados pelo arranjo hegemônico liderado pelos Estados Unidos.

Dessa maneira, a redução do crescimento econômico mundial, constatada a partir de 2000, se deveria, em parte, à ineficiência do FMI na resolução da instabilidade trazida pela globalização financeira. E, como efeito das condicionalidades impostas pelo Fundo, as nações em desenvolvimento veriam aprofundar-se, no contexto da globalização financeira, o fosso que as separa das nações avançadas.

E deve ser reconhecido que, se esses aspectos já foram esboçados pontualmente por economistas, sociólogos e cientistas políticos alinhados à crítica ao FMI, eles aqui foram identificados de maneira sistemática na esfera pública composta por três jornais influentes. Ou seja, longe de serem cenários pontualmente apresentados, essas perspectivas foram flagradas em mensagens transmitidas por emissores de importância e alcance globais.

Assim, foi possível perceber que a reprovação à atuação do FMI, longe de estar restrita a correntes marginais de oposição que desdenham a participação nas instituições políticas estabelecidas, pode ser flagrada de maneira objetiva em meios de comunicação de grande influência, sinalizando uma contraditória realidade de sustentação do Fundo na atualidade.

O ataque ao FMI não se limita às críticas de fontes isoladas ou de alcance reduzido, mas impõe-se como valor central na dinâmica da atualidade. Resta saber se a instituição vai sucumbir às críticas ou será reformada. De qualquer maneira, sua preponderância só poderá continuar a ser exercida à medida que sufocar tantas vozes descontentes de seus países-membros. Nesse sentido, espera-se que uma contribuição tenha sido aqui oferecida: ao indicar que as fontes da reprovação ao Fundo são consistentes e detalhar como elas se apresentam, a expectativa é contribuir para dar unidade às críticas e, com isso, fortalecê-las. Se o *slogan* "Fora FMI" nunca esteve tão em voga, ainda é necessário proporcionar a compreensão de sua substância e de seus fundamentos para que ele se afirme na luta democrática.

REFERÊNCIAS BIBLIOGRÁFICAS

ARRIGHI, G. *O longo século XX:* dinheiro, poder e as origens de nosso tempo. Rio de Janeiro: Contraponto, São Paulo: Editora UNESP, 1996.

CHESNAIS, F. *A mundialização do capital.* São Paulo: Xamã, 1996.

HARVEY, D. *Condição pós-moderna.* São Paulo: Loyola, 1993.

HOBSBAWN, E. *Era dos extremos:* o breve século XX – 1914-1991. São Paulo: Companhia das Letras, 1995.

INTERNATIONAL MONETARY FUND. *World Economic Outlook:* May 1997. Washington, D.C., 1997a. Disponível em: <http://www.imf.org>. Acesso em: 26 mar. 2002.

_____. *World Economic Outlook:* October 1997. Washington, D.C., 1997b. Disponível em: <http://www.imf.org>. Acesso em: 26 mar. 2002.

_____. *World Economic Outlook:* Interim Assessment – December 1997. Washington, D.C., 1997c. Disponível em: <http://www. imf.org>. Acesso em: 26 mar. 2002.

_____. *Memorandum of the Government of the Russian Federation and the Central Bank of the Russian Federation on Economic and Financial Stabilization Policies:* July 16, 1998. Washington, D.C., 1998a. Disponível em: <http://www.imf.org>. Acesso em: 1º mar. 2002.

_____. *Memorandum of the Government of the Russian Federation and the Central Bank of the Russian Federation on Economic and Finan-

cial Stabilization Policies: Supplement July 20, 1998. Washington, D.C., 1998b. Disponível em: <http://www.imf.org>. Acesso em: 1º mar. 2002.

INTERNATIONAL MONETARY FUND. *IMF Management Welcomes Executive Board Support for Russia:* July 20, 1998. Washington, D.C., 1998c. Disponível em: <http://www.imf.org>. Acesso em: 1º mar. 2002.

_____. *Camdessus Comments on Russian Actions:* August 17, 1998. Washington, D.C., 1998d. Disponível em: <http://www.imf.org>. Acesso em: 1º mar. 2002.

_____. *World Economic Outlook:* Interim Assessment – December 1998. Washington, D.C., 1998e. Disponível em: <http://www.imf.org>. Acesso em: 26 mar. 2002.

_____. *Letter of Intent of the Government of Brazil.* Washington, D.C., 1998f. Disponível em: <http://www.imf.org>. Acesso em: 26 mar. 2002.

_____. *IMF-Supported Programs in Indonesia, Korea and Thailand:* A Preliminary Assessment. Washington, D.C., 1999a. Disponível em: <http://www.imf.org>. Acesso em: 25 fev. 1999.

_____. *Camdessus Welcomes Constructive Discussions with Brazil.* Washington, D.C., 1999b. Disponível em: <http://www.imf.org>. Acesso em: 26 mar. 2002.

_____. *World Economic Outlook:* May 1999. Washington, D.C., 1999c. Disponível em: <http://www.imf.org>. Acesso em: 26 mar. 2002.

_____. *What is the International Monetary Fund?* Washington, D.C., 2001a. Disponível em: <http://www.imf.org>. Acesso em: 31 jul. 2001.

_____. *Articles of Agreement of the International Monetary Fund.* Washington, D.C., 2001b. Disponível em: <http://www.imf.org>. Acesso em: 31 jul. 2001.

_____. *The IMF at a Glance.* Washington, D.C., 2001c. Disponível em: <http://www.imf.org>. Acesso em: 31 jul. 2001.

_____. *How We Lend.* Washington, D.C., 2001d. Disponível em: <http://www.imf.org>. Acesso em: 31 jul. 2001.

_____. *IMF Quotas and Quota Reviews.* Washington, D.C., 2001e. Disponível em: <http://www.imf.org>. Acesso em: 3 ago. 2001.

INTERNATIONAL MONETARY FUND. *Transcription of Press Conference of Michel Camdessus:* Hong Kong, September 18, 1997. Washington, D.C., 2002. Disponível em: <http://www.imf.org>. Acesso em: 25 mar. 2002.

NETTO, A. D. A reeleição e o FMI. *Carta Capital (São Paulo),* 13 fev. 2002, p.21.

REPÚBLICA FEDERATIVA DO BRASIL. *Transcrição da fala do ministro Pedro Malan na abertura da entrevista coletiva de apresentação do acordo entre Brasil e FMI.* Brasília, 2001a. Disponível em: <http://www.fazenda.gov.br>. Acesso em: 8 abr. 2002.

_____. *Exposição de motivos n.756/MF.* Brasília, 2001b. Disponível em: <http://www.fazenda.gov.br>. Acesso em: 8 abr. 2002.

_____. *Memorando técnico de entendimentos.* Brasília, 2001c. Disponível em: <http://www.fazenda.gov.br>. Acesso em: 8 abr. 2002.

ROSANVALLON, P. *O liberalismo econômico:* história da idéia de mercado. Bauru: Edusc, 2002.

SANCHEZ, I. *Para entender a internacionalização da economia.* São Paulo: Senac, 1999.

SHATZ, H. J., VENABLES, A. J. *The Geography of International Investment.* World Bank, 2000. Disponível em: <http://www.imf.org>. Acesso em: 7 ago. 2001. (Working Paper.)

SOROS, G. *A crise do capitalismo:* as ameaças aos valores democráticos; as soluções para o capitalismo global. Rio de Janeiro: Campus, 1998.

STIGLITZ, J. E. *A globalização e seus malefícios.* São Paulo: Futura, 2002.

TAVARES, M. C. A retomada de hegemonia norte-americana. In: TAVARES, M. C., FIORI, J. L. (Org.) *Poder e dinheiro:* uma economia política da globalização. Petrópolis: Vozes, 1997.

TAVARES, M. C., MELIN, L. E. Pós-escrito 1997: a reafirmação da hegemonia norte-americana. In: TAVARES, M. C., FIORI, J. L. (Org.) *Poder e dinheiro:* uma economia política da globalização. Petrópolis: Vozes, 1997.

SOBRE O LIVRO

Formato: 14 x 21 cm
Mancha: 23 x 44 paicas
Tipologia: Horley Old Style 10,5/14
Papel: Offset 75 g/m² (miolo)
Cartão Supremo 250 g/m² (capa)
1ª edição: 2005

EQUIPE DE REALIZAÇÃO

Coordenação Geral
Sidnei Simonelli

Produção Gráfica
Anderson Nobara

Edição de Texto
Alexandra Costa da Fonseca (Preparação de Original)
Ana Cecília Mari e
Luciene A. B. Lima (Revisão)

Editoração Eletrônica
Lourdes Guacira da Silva Simonelli (Supervisão)
Luís Carlos Gomes (Diagramação)

Impressão e Acabamento
Prol Editora Gráfica Ltda - Unidade Tamboré
Al. Araguaia, 1.901 - Barueri - SP
Tel.: 4195 - 1805   Fax: 4195 - 1384